寸纸小鲜，烟火滋味

李敬白 著

中国轻工业出版社

图书在版编目（CIP）数据

寸纸小鲜，烟火滋味 / 李敬白著．—北京：中国轻工业出版社，2023.3

ISBN 978-7-5184-3994-2

Ⅰ．①寸…　Ⅱ．①李…　Ⅲ．①散文集—中国—当代
Ⅳ．①I267

中国版本图书馆CIP数据核字（2022）第085300号

责任编辑：方　晓　　责任终审：高惠京　　整体设计：锋尚设计
策划编辑：史祖福　方　晓　　责任校对：吴大朋　　责任监印：张　可

出版发行：中国轻工业出版社（北京东长安街6号，邮编：100740）
印　　刷：北京君升印刷有限公司
经　　销：各地新华书店
版　　次：2023年3月第1版第2次印刷
开　　本：880 × 1230　1/32　印张：6.5
字　　数：180千字
书　　号：ISBN 978-7-5184-3994-2　定价：42.80元
邮购电话：010-65241695
发行电话：010-85119835　传真：85113293
网　　址：http://www.chlip.com.cn
Email：club@chlip.com.cn
如发现图书残缺请与我社邮购联系调换
230316S1C102ZBW

序 读苏菜

时至今日，美食写作渐向深度沉潜，它指涉地理、历史、物候、生产和民俗。李敬白的美食写作，表现在梳理历史脉络，通过细微的味觉流变呈现江苏美食，引领读者进入长江三角洲这块重要的美食和历史版图。

李敬白的写作进化，所包含的食的学术意义，可以视为终结当代美食写作到此一食的浅白模式，也摆脱士大夫耕耘乡土文化时突显某些个人偏好的执着，我想说的是，李敬白试图强调，每一粒稻米都有它的个性。

中国确实可以用味道来划省份，春秋战国结束后，秦始皇统一天下而形成完整的版图，直到今天，没能统一的是各个省份的味觉。

味道，与方言一起坚定地强调它们的地理方位。因此，美食写作无法养育一个贯通大中国的全域美食家。美食写作充分显现它的地域性特点，李敬白苏食的写作，就有了他的重要意义。

江苏滨海连江，大面积的江河冲积平原和网络密布的水泽，人类进化史中，逐水而居的态势终令江苏成为一个美食天堂。从李敬白的故乡泰州辐射开去，也就是从一个味觉原点打开，或能找到一个味觉依据，苏食实在好吃。

食不厌精的美食追求过程比起品尝美食更有意义。就像我们在吃一道惊艳好菜时，好奇它的制作过程，然后考问它的培育土壤以及方法。我在神农架山中种茶，同时在陋居前种了一排香蒲，这是从南京吃过一次蒲芽菜的记忆给我的冲动，每到香蒲萌芽的时候，我都要从鱼池钓上一条鲫鱼，以炖蒲芽，这是我向苏菜的想念和致敬。

到拜读李敬白的《寸纸小鲜，烟火滋味》时，我内心会然一笑，也该做一道馄饨来纪念我的秦淮河之旅。实话说，我尚未去过泰州，只多次去过泰州的边上，或坐在阳澄湖畔品蟹。但是，李敬白的文字，引领我去到了那个味觉氛围。味氛，我一直认为它是一个乡思的依据，乡思在美食的话语场域，应该是想念那一片乡土。当然，想念那一片乡土，更是想念那一片乡土上的美食。

美食写作，当然是在营造一个味氛，纸上的美食，来得更有形而上的享受，所以造就了那么多的美食文学的读者。我离江苏千里之遥，读罢李敬白的文字，仍然如享受一次江苏的美食盛宴。这一篇篇读下来，我心安然，世界一片和平景象及美好。

古清生

茶点香

目录

饺面饭

食小录

菜根谈

出水鲜

果真好

调味集

四體勤
心智豁害
不負人一
日三餐
二〇二二年五月廿七日
客杭州望湖酒店晨對
早餐諸食心有感焉
歸蜀晨庭寫以為記
大安呂三于不一齋
早上吃得好中午要
吃飽晚上需
要少 蛋白質碳
水化合物脂肪纖
維素維他命鹽及
礦物質樣樣不可少
身體纔更好
三又

一日三餐

一 茶点香

马鞍卷子

食物的名称有时由象形而来，马鞍卷子就是如此。马鞍卷子让我知晓了马鞍的构造，这种由吃牵扯出来的知识，存到脑子里很难忘记。

马鞍是放在马身上的两头高、中间低的简易座位。我对照马鞍的形状，马鞍卷子和马鞍只能说七分相像，它比马鞍要厚实，如果把它放大了压在马身上，估计是没有实用性的。马鞍卷子身上有一圈圈褶纹组成的面层，这使我易想到小幼时吃的大大卷泡泡糖，它褶皱的面层还像叠合的花瓣，如果要精确地形容的话，它更像尚未完全开放的玫瑰花，所以它还又另一耳熟能详的名字叫花卷。

准确来说，马鞍卷子就是咸味的花卷，如把甜咸冠以性别，那咸定代表男人，也只有咸才能对应马鞍卷子这个刚劲的名字。马鞍卷子上有葱花，花卷的名字名副其实。绿得滴翠的葱花，散落在雪白的马鞍卷子上，愈发显得油亮。像是春天的瑞雪覆盖到草坪上，有少许长得急的草叶不动声色地探出头来，一改纯白的单调。

马鞍卷子上的葱花，取自小米葱，这是一种纤嫩细小的葱，辛辣味足，香味比京葱要浓。悦目只是葱花的附属功能，提香才是它的主业，手撕下一块马鞍卷子，上面多少会依附着葱花，扔嘴里吃，面香葱香俱有，但葱香要更胜一筹，它引领面香在嘴间信马由缰地游荡。

做马鞍卷子不复杂，但分寸难掌握，酵面加入碱水，要揉透、揉匀，如水面不合，面上会有黄斑，俗称“云头斑”，吃起来口舌自然会给出差评。手头功夫很重要，要是容易制作，街上的面点店谁还会光顾。

揉后的面团，擀面杖一擀，立即拉长了身体，要把面团擀成厚薄一致的长方形，接着抹上油，这是“油头粉面”的缩写，称作“油面”。趁势撒一把细盐、一把葱花，再包卷起来，切成若干段，每段就是一只马鞍卷子的生坯。

此时的生坯还处于雏形阶段，把卷子接头处朝上，右手按一头，左手拽另一头，再向里卷起，接头处换了朝下的方向，最后再在上部中间以筷子压一痕迹。整个工序中，要历经“三卷”，要讲究均匀之道。

马鞍卷子的大致做法，是我在小区门口一家夫妻馒头铺子了解到的。早晨和傍晚，他们的铺子前总是有络绎不绝的顾客，女人负责蒸面点，男人就在店堂里做面点，很少看他抬起头来。

但也有例外，一次，我起床晚了，去他铺子里买花卷，就看见男人一人在店里，一边拿着闲置的罐头玻璃瓶在喝水，一边在吃着馒头。我和他聊了一会，他说妻子去出租房做中饭了，我和他聊了马鞍卷子的话题，还问他怎么吃自己做的点心，有些店家因质量问题，是不吃自己做的东西。他听了感觉很惊讶，做的东西给自己给顾客吃不都一样吗？……

吃着放心的马鞍卷子，我想到男人惊讶时睁大的眼睛，我觉得心里很踏实，松软、饱满的马鞍卷子让我明白了真诚并未被金钱所遮掩。保持着对他人的善良和信任，保存对挚爱美食的无限执着，花花世界依然值得期待。

麻辣鸡饺

麻辣好比是一个到处走穴的歌星，从四川等地出道，全国各地地跑。跑到某个地方，也影响了一批歌迷，就像我地流行的点心麻辣鸡饺，明显受到了麻辣的熏陶，但好在它没有跟着麻辣的节奏转，这让吃不了重辣的邑人很是受用。

麻辣鸡饺和包子、烧卖、油糕等一起在早上提供。俗语道“一日之计在于晨”，早晨吃上麻辣鸡饺这样的荤馅点心，心情会变得饱满起来，所以麻辣鸡饺对爱食者而来，是美食当中的精神砝码。

麻辣鸡饺外为面皮，一头有褶纹，似乎如被绳索收紧后的福袋，福袋囊中有物，满袋馅心关不住，内中的辣油渗透到面皮，形成浅淡的如流金状的斑点，这使它飘散出的热气身价倍增，姑且称作富贵气吧。

站在拟人化角度观测，麻辣鸡饺还像雪白粉嫩的拳头，这是金庸用来描述《飞狐外传》女主角袁紫衣的拳头，甭管女侠还是美女，她们的拳头统统吃不得，只能想想而已，不过这样想着吃着是别有滋味。

麻辣鸡饺和黄焖鸡米饭一样，不吃自招，名号里主动供出了所含成分。细细的鸡丁配以香菇末和笋粒，水淀粉、辣油、荤油、葱姜水、盐、糖为辅，就组成了麻辣鸡饺的馅心。馅料调料不算太多，但选料、刀工、调配比例等皆有学问。我吃过一些做得失败的麻辣鸡饺，不是馅心有渣质感或粉腻感，就是腥气大、油味重，咬一口，味觉立马判断出高下，吃这样的麻辣鸡饺，是对肠胃的极度不敬。

以往我常光顾城中一家小饭店，这家店做的其他点心味道一般，唯有鸡饺味道出彩，故来店者十有八九是冲着鸡饺来的，蒸笼端到店堂后，服务员揭开蒸笼，顾客眼睛多隔着蒸腾的热气，盯着蒸笼里能见度不高的鸡饺，若鸡饺是一个面皮厚的女生，估计也会被看的不好意思。食客大致分两类，年青人用方便袋打包几只鸡饺后，拎着赶着去上班，行走途中就顺带打发了早餐。退休的老人们不慌不忙地取碟子装上鸡饺后，用手抓一把店里免费提供的花茶末子，放到自带的保温杯里，浇上热水，一段慢时光就此开启。

瞧着白亮可鉴的麻辣鸡饺，“矜持”这个词语从人生的字典里短暂消失，甚至置筷子不顾，用手直接拎起一只鸡饺，放到嘴边咬一口，吮吸着面皮里冒出的汤汁，汁水有点烫，又有点辣，但鲜美开胃，额头上很快爬上了汗珠，这似乎更激发了“斗志”， 穿透软韧的面皮，一口口地咬着，细嫩的鸡肉、坚脆的笋子、绵韧的香菇打造出了立体化的口感，在舌面上下轮流翻滚，香意喷涌而来，香喷喷之意大概由此而来。

后来不知什么缘由，那家小饭店竟歇业了，原地换作了一家超市，超市里有鸡精、鸡肉味方便面、冻鸡腿，就是没有麻辣鸡饺。之前那一笼笼冒着袅袅白烟的麻辣鸡饺，仿佛从没在这里出现过一样，我有些失落，顿感“往事如烟”，这“烟”，是蒸煮食物的人间烟火。

平民油条

我留心过所去的城市，每个地方都有油条，而且味道没太多区别。能在风土各异的区域站住脚跟，这样的食物是不多见的，有形容油滑之人的词语叫作“老油条”，我以为用来形容油条的久经考验也极到位。

油条说是宋代奸相秦桧的化身，说是民族英雄岳飞被秦桧害死后，民间百姓将他形象捏成条状，放锅内油炸，以此泄愤，因此油条也叫“油炸桧”。幼时的我，听着这样的传说，吃起油条来是咬牙切齿，后来得知，没有宋高宗赵构这个“后台老板”，秦桧哪能随便

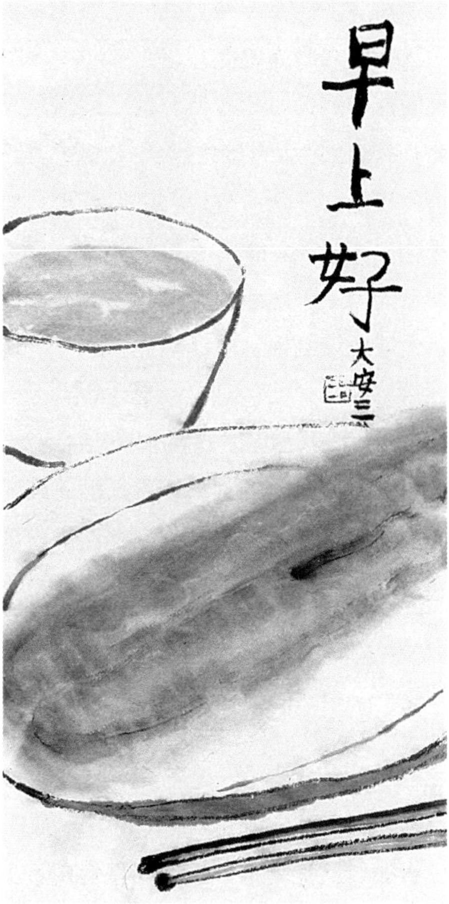

早上好

加害同僚，因此我觉得把“皇帝拉下锅”，做个“油炸构”才更符合常理。

油条由高筋面粉和酵母制作成面坯，然后放在大锅里油炸而成。我看很多制油条者，炸之前都会有叠拉程序，切开来两个短条面坯，叠加在一起，以细长筷子在上面一压，拉长后送入油锅，在制油条者长筷的左右翻转下，油条变长了，长胖了，放在旁边底下有托盘的铁丝框里，沥干油分。油条好比是吃自助餐的食客，可以吃的满腹油水，但是不许打包带走。

刚炸好的油条香味浓郁，佐粥、泡豆浆、配豆花、夹大饼吃皆算“黄金搭档”。若是买回家吃，会吃的人会把油条拦腰折断，这样小过几分钟食用，油条仍能保持酥脆口感，但搁冷了吃，油条发软似扶不起的阿斗，酥脆全无，恰如热恋的爱人相处数年，新鲜感不再，这时就要略为改造一下油条，让它恢复原有的浪漫热情。

我选择油条来做丝瓜汤，丝瓜切段，煸炒后加水，煮沸，出锅前放上撕成小段的油条。金黄的油条，碧绿的丝瓜，沐浴在油星点点的汤水中，富贵的色彩占据了主流，这是给精神提气的色感。吸足丝瓜清爽气的油条少了油腻，它的本性依然绵软，但软得富有柔情，口味表达层次由此丰富起来，舌齿深度触碰油条之后，会感到咸甜中扩散着淡香，失去了浓香锋芒的油条似解甲归田的武将，不经意地在生活中显露自己的技艺。

将油条变得更为酥脆，这是油条的另一方向的改造方案。作家汪曾祺曾为此积极探索，他把油条劈开切断，掏空内层，放猪肉馅、葱姜末，再以榨菜末塞入油条窟窿，入锅炸焦而成，汪曾祺形容食之“极酥脆，嚼之真可声动十里人”。这是鲜明的夸张修辞，然平常菜肴却有了非凡的味道。

英年早逝的女作家萧红回忆，她在上海法租界拉都路炸油条的小摊上，发现包油条的纸竟然是鲁迅翻译俄国小说《死魂灵》的原稿，她告诉鲁迅后，鲁迅不以为奇。我幻想哪天买油条时，包油条的纸要是莫言等名作家的手稿就好了，但我明白这几无可能，现在多数作家都用电脑写作，而且装油条的都是塑料袋了。时代改变了生活的细节。

荞麦饼

喝了三五杯茶，聊了十分钟的天，终于等来荞麦饼了，这姗姗来迟的早点还未到跟前，香味的“先遣队”就到达目标了，鼻子像是得到情报的特工，赶紧联系上味觉，这导致荞麦饼上桌没几分钟，就被取食一空。

盘里的圆状荞麦饼，被均匀划成八块，边侧有些酥脆，大体却是软嫩，这些都能目测出来，但更切实地还要用嘴感受，它软塌塌趴到舌头上，牙齿凑上来嚼上几个来回，舌头上满是油滑鲜香的感觉，让人想到了雨后的青石路，光鉴可人，有时也有路边树上花朵、花瓣被风刮落到地上，依附到石面，可称水滑鲜香。两者质态不同，却有相似之处，这也是我大胆拿来用作比喻的缘故。

荞麦饼是煎来吃的，荞麦粉兑水后调成糊状，放葱花、细盐，上油锅。葱要选小米葱，入锅起香快。选北方大葱肯定不行，切末后撒在荞麦饼里，绿压压一片，完全遮掩了荞麦饼本来的褐色肌理，吃时搞不懂是在吃饼还是吃葱。也有人喜欢在荞麦饼煎好后，再撒上一小撮葱花食用，没有经过高温炙热的葱，有辛辣气，这是比较冷门的吃法。

失去热乎劲的荞麦饼，香味被封锁起来，只剩绵软的质地，好像吃的是偷工减料的海绵糖。此时可以切成和铅笔宽度相仿的丝，用韭菜炒。炒时不必放酱油，有条件的话再加些瘦肉丝。二度回锅后的荞麦饼软香味更甚，挑三五根荞麦饼丝夹在筷头上，左右略晃一下，荞麦饼似乎是扭着水蛇腰的妩媚女子，把它送到嘴里后，赶紧再夹食一筷子脆爽的韭菜，不让口中出现“阴盛阳衰”的局面，阴阳调和之后，在“嘎吱嘎吱”声乐的鼓奏下，荞麦饼和韭菜你中有我，我中有你，沉醉幸福的它们全然忘记了自身模样。

荞麦饼以前是稀罕物，全因荞麦产量低，鲜有人种植。现在粗粮杂粮喜食者多，有农户专门种植荞麦，当年种植，当年就可收获。荞麦花尤美，我见过的荞麦花呈白色，风吹之时，如白浪翻腾，白的素雅、洁净，让我想到了一个成语——阳春白雪，但支撑这白花生长的，曾是黑色的籽粒，姑且称作“下里巴人”吧，这似乎如一个人生信条，成功者的背后，离不开家人、友人的默默支持和帮助。

荞麦饼不是荞麦转型的单项选择，荞麦还可酿酒、泡茶、制面、做包子馒头。剥下来的荞麦壳可装入枕头做内芯，有安神促眠之效。吃完荞麦饼，枕着荞麦壳枕头，犹如坐拥“大乔小乔”两大美人，这不仅是男人的乐事，这是所有人的赏心乐事。

鸡汁汤包

我吃过的汤包大概有五六种，鸡汁汤包是我这两年吃到的，它的特色在于汤包内含有老母鸡汤。鸡汁汤包看上去和一般的汤包没区别，但内里有乾坤。它如同一位坐在路边吃汤面的富豪，衣服和旁人无异，但是当他撸起袖子喝汤时，冷不丁会发现，他手腕上竟戴着价值百万的名表。

鸡汁汤包需要现做现吃，其实所有汤包都要这样。汤包要热食，冷了再回笼蒸，怎么也回不到之前的鼓胀劲，打开后一看，汤汁已残存不多。汤包不像包子，冷后复蒸一下，还能恢复先前的八成美味。

汤包的皮都是半发面，皮薄有韧性，有兜住汤汁的承受力。所以汤汁里有鸡汤，对汤包皮来说，也不是什么大负担，它大度地表达了包容意识，或是说是一种敢于担当的勇气，这是白案师傅灌输给它的自信。

猪皮和老母鸡一起炖制后的汤汁，冷却后成为皮冻，切成小方丁加入红白的肉馅里，像是无数的小陨石落入了玫瑰谷里，包入汤包皮之后，一时成了与世隔绝的风景。

严格地来讲，鸡汁汤包的全名该叫作小笼鸡汁汤包，它所用的蒸笼同样也会用来蒸鲜肉小笼汤包，虽说身价略贵些，但鸡汁汤包不会因此享受大蒸笼的待遇，它们照样四五只一起住在“集体宿舍”里。在蒸的过程中，皮冻完成了固体到液体的转变，使汤包的面皮像缓缓打开的纸伞一样，支撑起原本干瘪的汤包。

一笼鸡汁汤包上了桌，在黑褐色松针映衬下，它愈发显得白亮，不过这是现在看到汤包的表现。我小时候吃的汤包外观呈淡黄色，有些像特浓的豆浆。后来问餐馆经营者为何汤包面皮变了色，回答说改用进口欧美面粉了。难道黄种人磨的面粉是黄色的？白种人磨的面粉是白色的？我一直想不明白，后来知道，以前面皮是用食用碱发面，现在多用泡打粉发面，这是造成皮色不同的主因。

吃鸡汁汤包要慢，不能“恨命穷”，这是我们当地的一个土话，形容看到美食，做出急切的动作，想快吃大吃。我见过“恨命穷”的食客，可能是饿急了，他站起身，拿筷子匆匆忙忙地夹取汤包，结果不小心把面皮捣破了，破口处像决堤一样，滚滚汤汁尽渗入到蒸笼下的松针垫内。食客只好把破相的汤包夹到眼前，闷头食用。再吃第二只时，他索性把“斯文”二字暂且收起，直接用手捏起包子顶端的皱褶处，放到面前，咬皮吸汤，吸一口，停顿几秒，再吸，反复如此，最后把仿若泄气气球的汤包一扫而光。

汤包一文，梁实秋写的较为有名，他写取食汤包时，“要眼明手快，抓住包子的皱褶处猛然提起，包子皮骤然下坠，像是被婴儿吮瘪了的乳房一样”。青春期的我初读此文，不免心猿意马。如今读此文后，按文中模式拎起一只鸡汁汤包，已无太多感觉。时光啊，抚平了一颗躁动不安的心。

小笼汤包

市中心的国营百货商店，建于1971年，楼顶上装饰有三面红旗标志，“三面红旗”商店西侧曾开设有一家上海风味餐厅，幼时，祖父常在早晨带我来餐厅吃小笼汤包，后来我在上海吃过几次汤包，还是觉得“贴牌”餐厅的汤包味道要略好些。

不过上海风味餐厅的小笼汤包已成历史，这家餐厅消失多年了，原址处已成为扩建后的百货商店一部分，鲜艳的红旗下面，再无鲜美的汤包了。

这消失的小笼汤包里面还蕴含着温暖的回忆，记得当时汤包上桌后，祖父总会把第一只汤包夹给我吃，还会细心地在碟子里倒上醋，让我蘸醋食用。转眼祖父已离世二十年了，我吃汤包时，多会想起祖父，想起和老人家一起吃汤包的情形，祖父的模样我念念不忘，汤包的气息我在思想中努力地描摹着。

棒球帽大小的蒸笼里，一层黑色的松针垫子上，置着四只膨鼓鼓的汤包，顶端是宛如风火轮的折裥，收口处是密封的，因而热气看上去不很浓烈。放大了看，笼里的汤包像四眼井，再把比喻延伸下去，舌作绳，齿为桶，组成吊桶能打捞井里的美味。

汤包是半发面的皮子，富有韧劲，这与松软的包子有本质不同，汤包着的是轻薄罗衫，包子穿的是厚厚棉袄。在汤包边侧咬开小口后，热浪从汤包中滚滚奔向舌尖，肉馅如河石般隐身浪中，此时要保持冷静，撅起嘴，贴近汤包，一边吹着气，一边吸着卤汁，一吹一吸间，不烫不冷的卤汁一阵阵地在全身扩散，身心顷刻间变得温暖起来。

软瘪后的汤包并非鸡肋，蘸些醋后，少了油滑、多了爽滑的肉馅盖着面皮的被子，安卧在牙床上，还没等它进入梦乡，牙床就颠动起来，挤压它释放出珍藏许久的卤汁，嘴中一片温润，鲜意的浪头潮起潮落。吃汤包，不用热茶辅佐，口舌照可生津。

卤汁正是汤包的灵魂，刚出笼的汤包有饱满的灵魂，冷却后的汤包卤汁凝固，上笼复蒸后，它的卤汁也不如先前丰盈，这似一段热烈的感情，受到伤害后，即使复合了，那还是存有心结。所以那时几乎没人把汤包打包回去，包括我和祖父在内的食客，都是坐在店堂里吃汤包。热爱美食的人们，自由放任舌尖和汤包展开一段热恋。

上海风味餐厅的小笼汤包与我吃的其他汤包没有太多区别，但它值得我为之记录，纸上的品味是饮食味道的一种延续，它连同品尝构成系统的美食版图，我反复翻阅，寻找当中可亲可敬的家园。

八宝烧卖

八宝烧卖为淮扬早茶名点，每每听到这名字，我都会想到幼时信佛的祖母给我讲过的佛教八宝，为轮、伞、长、螺、花、罐、鱼、盖等物件，各有不同的法力。与佛教有联系的还有八宝粥，腊八节许多寺庙有施放八宝粥的善举，它是佛界与俗间的沟通之物。而八宝烧卖虽是凡尘点心，但它与八宝粥的相同在于“八宝”均是指构成食物的八种配料。

馅料的充实，使得八宝烧卖看上去丰润饱满，左看右看，上看下看，它似乎都像一位“满腹经纶”的书生，如此比喻，史上已知最早的素酸馅烧卖就是身着文士服束的武秀才了，它刊载在元末明初朝鲜人学习汉语的课本《朴通事》上，它名中含素，但不是“吃素”的，由“麦面做成薄片，包肉，蒸熟”而成。

八宝烧卖腹内中的糯米是“大宝”——其数量最多。糯米烧卖是江南地区多见的烧卖品种，它与北方的肉馅烧卖分庭抗礼，八宝烧卖显然行走的是中间路线，它里面还有葱姜、肉丁、木耳、香菇、枸杞、玉米粒、松子仁、虾米等食材，好比是一个团结的多民族国家。

这一堆食材集中在一处，是事在人为的好缘分，油葱姜末和肉丁在油锅内爆香，接着放入剁成细末的木耳、香菇等食材，加酱油、糖、盐、料酒，最后放已蒸至八成熟的糯米，雪白的糯米被物料浸染后，犹如换上古铜色的健康肌肤，唯一不变的是它还具备晶莹的光泽，如玉、如珍珠，映入眼帘，照亮双眸。

知足常乐

烧卖皮和包子皮大为不同，面粉热水烫后凉凉，洒入冷水，揉成面团，搓成条状，再揪成一个个面剂子，压成薄饼状，托手中，挑上馅心，包上，顶头捏成折儿，像半合着的花蕊，如一脚跨入民国的清代仕女，在保守和开放间迟疑张望。

八宝烧卖走向蒸笼，在水火热力的双重影响下，烧卖在在成长之路上高歌猛进，它的体形持续鼓胀，也标志着他从瘦弱青年迈进发福中年的群体。它白头粉面的外表已成历史，它的表皮呈现出轻纱罗衣般的透明质态，和夏日光着膀子乘凉的大叔有些类似，时间和环境改变着人和物。

现在的茶馆饭店觉得配料偏多，做起来烦神，八宝烧卖几乎不再看到了。不久前，我看到一饭店菜单上标有八宝烧卖，我兴奋地点上两只，品尝后大失所望，馅料里就糯米、木耳、玉米粒。儿时我经常品尝的八宝烧卖，可能已成绝味——并非绝妙之味，而是即将灭绝之味。

我印象最深的是十岁生日在国营湖滨饭店吃八宝烧卖的场景，那时烧卖是一两（二只）起卖，父亲一下子买了十只，熏至乌黑的竹蒸笼里，一只只冒着热气的烧卖油润喷香，我至今感到它们香气未散。

生煎包

我在电脑上敲下“生煎包”这个题目时，还一头雾水。数月前，我问一位做包子的师傅，“生煎包”名字由何而来，他憨笑地说道，生包子放平底锅煎，就这意思吧。我一时释然，后又觉得说法很牵强，生包子放蒸笼上蒸，怎么不叫生蒸包呢？想来，觉得谜底并不重要，神秘色彩让生煎包味更醇厚。

生煎包，一改包子外表单色调的惯例，其表面白亮，底板金黄，黄白同为富贵物，互不冲突，芝麻和葱花似乎要打破这种平衡，不识趣地凑上来，使包子整体好像一个赤膊裸体、身有纹身的小白胖子，肥胖者腹部松弛，褶子似裤带把赘肉绷紧，褶子环绕的小肚脐里有难以察觉的热气涌起，这是美味的泉眼。

上海是生煎包的摇篮，晚清时期，一些售卖热水的店铺——老虎灶旁侧出现了生煎铺，有的店铺直接就是老虎灶的分号，喝着热水，感觉会有些单调，加上生煎包，解渴解饿更解馋，老虎灶和生煎铺开在一起互为促进，这和把华夫饼卷起盛放冰淇淋做成甜筒的道理一样。

民国的上海，以“萝春阁”和“大壶春”所做生煎最有名，两店是一家，老板叫作唐妙泉，“大壶春”是他后来开的店，店名中的“壶”意为妇女闺阁。“大壶春”和“萝春阁”名字般配，却和吃食店挂不起钩，反倒有风尘烟花气。后因“壶”是生僻字，索性去掉“壶”中一横，改店名“大壶春”。若吃这两家老字号生煎时，我觉得以风靡旧上海滩的《玫瑰玫瑰我爱你》为背景音乐，必能增加食欲，是茶是酒佐食无关紧要。

旧时生煎包以腹内乾坤划分，可分多肉派和多汁派。现在的人们讲究健康，所以多汁派占据上风，馅汁的前世是猪皮冻，刮去肥膘的猪皮伴水焖煮得烂透，凝固后即成。猪皮冻常用于汤包，生煎包借鉴过来采用，差不多和汤包以结亲方式缔结了盟约。

名义上是油煎，但生煎包少不了水煮程序，给油煎后变得焦黄的包子团队，注上些水，盖上锅盖，包子发出的活泼声音还可耳闻，收干后再添上葱花和芝麻作为伴侣。《道德经》里说，“水利万物而不争。”在包子成为生煎包的程序里，水是无名英雄，它隐遁身形，兵分两路，一路泌入到煎包的肌理里，另一路化作清气调戏嗅觉。

生煎包比乒乓球略大，用筷子夹取两只丝毫不费事。对着煎包边侧，咬开一小口，咬时能感到面皮弹性——这是发面的本质。拉开品食序幕后，嘴巴上场，无师自通地噘成圆状，吮吸煎包里的汤汁，煎包虽不像汤包那般肉馅泡于汁水内，但汁水也十分丰盈。等汁水穿喉而过，接着继续嚼汤包，肉馅与葱花、芝麻混为一体，被绵软和焦脆裹挟着，它们以口舌为地，于上面盛开了无数鲜美之花，随后，把这浸染油脂的馨香进口到腹内，用纸巾擦嘴后，再喝几口浓茶水，仍遮挡不了煎包余香绕身回环。

吃生煎包不必到原产地上海去吃（现在很多地方都制作），但一定要吃刚出锅的，冷的生煎包口感生硬油腻。

萝卜丝包

萝卜丝包子和肉包、青菜包是苏中地区茶馆里的常规点心，一年四季都有。以身价论，肉包是老大，萝卜丝包和青菜包是孪生兄弟。我平日里常吃到青菜，因此我是选肉包或萝卜丝包居多，一般点上一只，佐干丝或面条吃。

看外观，萝卜丝包和“老大”的行头更接近。虽说包子的面皮是一样的，但青菜包的馅心绿得鲜明，面皮包藏不住这一腔春意。萝卜丝包和肉包则容易混淆，它们表层面皮上的油斑很相似，油亮、泛着乳黄色，有雨天后的通透之感。以前我在想吃肉包、偏偏又囊中羞涩的时候，总寄希望发放面点的师傅能把我点的萝卜丝包错拿成肉包，可是我一次也没遇到这样的情况，后来我发现了端倪，原来肉包和萝卜丝包顶上收口处是有区分的，肉包收口松，萝卜丝包收口紧。

往小处说，这是暗记；往大处讲，这是风格。做包子需要这样的设计，做人也需要这样的个性，千人一面的世界，实在无聊乏味。

每家茶馆做的萝卜丝包（当然其他包子也一样）味道均不同，馅心里除了萝卜丝必不可缺以外，他们放的辅料是不一样的，有的喜欢加肉末，有的喜欢配香菇丁，有的喜欢放青蒜，有的喜欢什么都放一些，搞得像是什锦包。合我口味的一家茶馆所做的萝卜丝包，里面是细细的萝卜丝、木耳末、香葱花，辅料也仅盐油而已。不沾荤腥的包子清清爽爽，作为寺庙的素斋也并非不可。

蒸笼里的萝卜丝包香味不明显，咬开后的萝卜丝包香味直窜，手在包子下方一捏，会有油汁涌现而出，依附在咬口处的一根根萝卜丝上，再把泛着光亮的萝卜丝馅连同面皮咬入嘴中，绵滑、柔韧席卷舌面，嚼至末尾，又有单刀直入的脆嫩，和口水“会师”后的油汁，仿若净化成水，味觉湿润如热带雨林，大概是因为萝卜有吸油去腻的功能。

能体现萝卜这一功能的还有一则民间故事，说是清代名医叶天士看到一店铺老板天天买肉吃，觉得这样吃日后定会生病，就暗中把喝茶剩下的茶叶晒干了贮藏，准备以后给老板治疗时配药用，结果过了好久，老板也没生病，叶天士很奇怪，后来了解到老板天天吃的是萝卜烧肉，这才恍然大悟。

故事是我幼时听祖母讲的，当时她为劝导我不挑食出此良策。祖母生前很喜欢吃萝卜，也爱吃萝卜丝包。现在我也经常买萝卜丝包给儿子吃，把这个故事讲给他听，这是我家具有精神价值的“传家宝”。

蟹黄汤包

江苏靖江地处南北交界，临江傍水，饮食中自然也就多了一抹水色，就拿最具代表性的地方名吃蟹黄汤包来说，它的奥妙和精髓就在于一个“汤”字。

蟹黄汤包的“汤”，并非寡而无味的凡汤俗水，而是以土猪猪蹄髈的厚皮和散养草母鸡为主料煨制的高汤，待高汤冷却成果冻般的胶状物质后，再掺入蟹肉、蟹黄搅拌成馅。上好的汤包对螃蟹选择有严格要求，必须是靖江孤山镇芦长港附近的玉爪蟹，此蟹曾为清廷贡品，因脚爪色如白玉而得名。

馅料制作考究，包汤包也绝不能含糊。要把馅料均匀地包到擀得薄如蝉翼的面皮当中，且要汤包保持优雅的外观，绝非易事。看一只只汤包很容易地从师傅们手中孕育出来，想到他们为了练就这般绝活不知花费了多少工夫。包裹好的汤包呈扁平状，雪白晶莹，收口处的褶皱均匀铺开，犹如白菊绽放。摆上竹蒸笼蒸熟后，上桌揭开蒸笼盖，热气缭绕间，扁平饱满的汤包平躺在柔软的黑褐色松针上，糅合馅料的汤汁冲撞着几近透明的面皮，仿佛汤包当中被灌注了一股鲜活的生命气息。

虽然在很多地方尝过汤包，但我和美食家蔡澜先生的感受相同，认为靖江汤包味道最为正宗，这实则应和当地得天独厚的地理优势有关。由于我居住的城市离靖江很近，所以我每年秋冬之季都会去靖江老字号“南之缘”品尝蟹黄汤包，吃一两只汤包，喝一碗稠嘟嘟的红米粥，配点一碟开胃的小咸菜，看似简单的餐品有着精妙的味道。坐在店堂里，看着一长溜排队等汤包的顾客和墙上“人等包子、包子不等人”的标语，不免为这市井的诙谐氛围感到忍俊不禁。

吃汤包切不可狼吞虎咽，靖江人总结出的品食口诀是“轻轻提，慢慢移，先开窗，后喝汤。”意思是先把汤包轻轻提放到放有姜丝和香醋的碟子里，接着靠上前去，在面皮上轻咬一口吮吸汤汁。汤包的汤汁进嘴后略有些烫，但里面的蟹肉和蟹黄却恰好起到了缓冲热意的作用，馅心从汤汁中涌现出来，轻轻碰撞着牙齿，考验着牙齿对美味的承受力。而舌头则彻底被浸泡在丰盈的汤汁里，立即也变得鲜香起来，这时的吃相就要收敛得更为文雅，似乎不小心翼翼，甚至连舌头也被吞食下去。

靖江蟹黄汤包近年来声名大震，不仅得益于纪录片《舌尖上的中国》广泛传播，也离不开乾隆皇帝这位著名老饕带来的名人效应。相传当年乾隆在靖江吃蟹黄汤时，抓起汤包就咬，结果吃得太急，导致汤汁射溅到衣袖上，他在手上还抓着汤包的情况下，又抬起手臂，用嘴舔袖子上的汤汁，却不料汤包里的汤汁又甩了身后半背，由此留下了“乾隆吃汤包甩半背”的尴尬典故。可见不管帝王将相，还是庶民布衣，美味面前，人人平等。

黄桥烧饼

黄桥是江苏中部的一个小镇，镇上出过“中国地质之父”丁文江等诸多名人，但外人知道小镇却是因为黄桥烧饼，人们往往是吃了烧饼才顺带了解到黄桥的名人。

黄桥烧饼的出名，和1940年发生的黄桥战役有关，当时新四军得到黄桥民众支持，民众纷纷制作烧饼犒劳战士，随军的文艺工作者创作了《黄桥烧饼歌》，随着“黄桥烧饼黄又黄哎，黄桥烧饼慰问忙”等歌词的传播，黄桥烧饼闻名于大江南北。

在口味丰富化的追求下，黄桥烧饼依托着咸甜两条主线，发展出葱油、萝卜丝、荠菜、肉松、牛肉、椒盐、豆沙、枣泥、清糖等数十个品种，各有各的味，随吃客自由选择，其最大的特点是酥感持久，热吃冷吃口感变化不大，这就注定了它可以作为伴手礼流通四方。

如今国内外很多烧饼铺前面都要添上“黄桥”，就好比卖拉面的非要打上“兰州”的标签，不这样好像就显示不出正宗，但是传播广了，制作工艺走样是在所难免的，所以为了不亏待自己的口舌，吃黄桥烧饼要得好还是去原产地，有了地气，美食自然也就有了底气。

我去过黄桥镇多次，不是专程为吃烧饼而去，印象里大多是为采风而去，东道主招待的宴席上每每都有黄桥烧饼，个头不大，以圆形或椭圆形区分品种。离开黄桥时，我和同仁们也会买上几盒黄桥烧饼，或送人，或自吃，大众的肠胃都能和它产生情感共鸣。

黄桥烧饼馅心在核心内层中间，外表金黄诱人，这是典型的金屋藏娇，“金屋”是面粉与花生油、猪油提炼的成果，正面铺设有状如细小水滴的白芝麻，如密密麻麻的琉璃屋瓦，更像是布满灿若星辰的天空，清雅低调中凸显食物美学的魅力。看书累了，咬一块黄桥烧饼，以牙慢慢消磨，它的酥脆像在味蕾上发电报，层层传达出水乡稻田的馨香密码，此刻再啜一口茉莉花茶，不同质态的山河风貌在意念间圆满融合，间或引出万丈胸怀里的诗情画意。

烧饼之黄灿色感，与黄桥之名看似存在联系，其实不然，其镇名据说是百姓为纪念一位爱民如子的黄姓县令所起，这看来是一种物事的巧合，由是得知精神财富与物质文明是相依并存的，于是，吃了黄桥烧饼，似乎也就在体内存下了善心福报。

阜宁大糕

地方让物产出名，物产让地方有名。提到炒饭，想到扬州；说到拉面，牵出兰州；谈到烤鸭，忆起北京。春节，我看桌上摆放的米糕，就知是阜宁大糕，“大糕”两字前的苏北县城阜宁，是个物阜民宁的好地方。

从我记事起，过年时，我家都吃阜宁大糕，以前是简单的粉纸包扎，现在是纸盒封塑包装，外观变了，味道变化不大，糯米香，麻油香，砂糖甜，麦芽糖甜，构成以香甜为主体的恢弘叙事，而齿舌在咀嚼和吞卷中与它完成了戏剧性冲突。

我看阜宁大糕，五片连在一起，像是装订在一起的扑克牌，为什么要把它们装订在一起？是顽皮孩子的“杰作”？这比喻有些牵强。我索性重新想象，对了，它像是一本小型的画册，画的是大写意的水乡风情图，红绿丝是红桃绿柳，点缀的黑芝麻是清水中的蝌蚪，老舍曾请齐白石画《蛙声十里出山泉》，白石老人避实就虚画起了蝌蚪，我干脆给它定名《春风又绿水中蛙》。

大糕可置于掌中，故它的“大”不是形体上的大。大糕的大是大雪的大，它有着鹅毛大雪一样的白。大糕的大是大量的大，它大批量地被各地的人们采购。大糕的大是大牌的大，它是阜宁县最大的广告牌，行走天南地北，传递一方水土的问候。

到亲友家拜年，说好吉利话，主家会递上几块阜宁大糕，爱吃甜，不爱吃甜的，都会把糕塞到嘴里，“糕”与“高”谐音，吉星高照，步步高升，高高大大，好寓意在饮食中散发光芒。

今年体检血糖略高，对糖的摄取量有了控制。一日起床晚了，来不及忙早饭，遂取一块剩下的阜宁大糕搁燕麦片当中，热水冲泡后拌食之，扛饿当饱，也是很好的减肥餐。

阜宁大糕，我们平常不吃，据说阜宁本地有糕点作坊平时也不做，只在春节前几个月才做，这真是“半年不开张，开张吃一年”。

鲜肉大包

很长的时间，肉包好像是红得发紫的影星，总能引发大众的欢迎。现在肉食没那么金贵了，肉包依然是红透半边天的“老戏骨”，老中青还是有人喜欢它，这说明了饮食和文艺一样，具备持久的生命力。

小时候，大人常给我灌输一种理念，蔬菜比肉要有营养。后来我明白，这话也不绝对，很大程度上还是那时日子捉襟见肘，十天半月才吃上一回肉，由于吃肉的机会不算多，所以对小孩子来说，价廉的肉包是很能杀馋的。我记得上小学时，常在东门大街的一家饭店买肉包吃，那家饭店的肉包有一股浓浓的蛋香味，真是妙不可言。

有一次和书法家老戴吃饭，他谈到了他十岁生日时，母亲把他领到厨房，他看到桌上碗中有两个热烫烫的肉包子，母亲在他吃包子的时候，走出厨房，轻轻地关上门。老戴兄弟姐妹合计七人，母亲这么做是不想让其他子女看了有意见。老戴后来得知其他兄弟姐妹过生日时，他母亲也是这么做的。老戴回味说，那是他六十多年来吃过的最可口的肉包。

肉包的诱惑力在饭店价目表上就显现出来了，我们这的多数饭店会把肉包写作“鲜肉大包”，包子确实个大体丰，小脸盆大的蒸笼里

小日子

顶多就放上六只。我家附近的一家饭店价目表上“鲜肉大包”等字体用漂亮的“颜体”写就，据说是店中老板娘的手迹。晨间踏入店中，闻着早点的香味，看着价目表上各式美味的名称，肚子咕噜咕噜地响，艺术能让人产生饥饿感。

鲜肉大包之“鲜肉”，当有两层含义，一是肉馅鲜，二是味道鲜。肥瘦合宜的肉馅，调配好了现包现蒸为好，若是放在冰箱搁上一阵就失去了鲜气。蒸好后的鲜肉大包表面要呈现出鸟笼褶、荸荠鼓、鲫鱼嘴的特点，包子皮内要汁水丰盈，肉馅要成球不散，吃到嘴里要软嫩渗卤。能做好鲜肉大包的师傅做起其他包子来也是游刃有余。师友老周是本城白案的第一块招牌，他打理的饭店一天要做两次鲜肉大包，除了早餐时段提供肉包，下午还要做肉包当晚茶卖。我去那家饭店吃过很多次包子，可我总分不清哪一只包子是他做的，我想留下悬念也好，这使我更加不遗余力地去捧他的场。

上个月去一朋友新开张的饭店吃早餐，点了两只肉包，咬了一口后，我立马发微信给他提意见，说肉包内馅颜色太淡，看上去影响食欲。我以为，做肉包一定要放点老抽增色，而做青菜包就没这个必要了。朋友听了我的意见，说调整后果然肉包的销量大增，我听了还是有一分得意的，这个城市的GDP增长有我的一份功劳。

有个老饕和我说，他去年在东北工作时，有包子铺出售一种鲜肉大包，包子大，肉馅足，味道好，价钱特便宜。后来无意中得知，原来包子里的肉馅取自比猪肉便宜的鸡肉，然后混入大量的猪油，吃起来和猪肉没太多区别。想起来真是人心不古，要不得。

牛肉锅贴

南京七家湾曾为回民聚居区，故当地有清真寺，有清真食品店，宗教信仰取决于思想上的自由，美食可以在味觉上统一自由，七家湾较受各界人士欢迎的清真美食为牛肉锅贴。

南京牛肉锅贴店，很多店名前后会冠以七家湾三字，七家湾因最早居住了七家以宰牛为业的回民而得名，锅贴、汤包、煎包等均是由牛肉延伸而出的食物，据说当地杀牛工序由阿訇完成，其间要有祈祷等仪式，吃锅贴的食客，多念及不到如此的庄重画面——处于兴奋期的味觉过滤了多余的思考，贴靠锅底后的锅贴，迅疾地贴近他们的嘴唇，让大众心灵倍感贴心。

牛肉锅贴，细长如舟，也许如传说中的诺亚方舟，在密密麻麻挨放在圆形平底铁锅后，又似明代郑和的船队，当年郑和正是从南京出发，开启七下西洋的征途，而一只只牛肉锅贴，最终也会驶入人体，开启美妙航行，但在此之前，它们要先在锅中预习掌舵的功力，它们的大半个身体被滚烫的水和油浸润，其间，制作锅贴者会以右手拿平铲铲着锅贴，左手执抹布抓着锅沿不停转动，使它们不至粘锅，又能受热均匀。

煎之前的锅贴雪白，有些锅贴红馅汁染到白皮上，看上去有豆沙甜馅的错觉，当然它的馅料也带有甜意——是咸甜适中的味道，咸甜是味道的主体系，可让味蕾产生无由的亲切。牛肉锅贴选用的馅料，是手工搅拌的牛腰内肉糜，肉质相当细嫩。与南京相距一千多公里的潮汕地区所制牛丸，是以韧性足的牛腿肉为馅，因材选取的牛肉，好比根据爱好兴趣报考大学专业，也可以说是根据璞玉纹理质地打造玉雕精品。

起锅入盘的锅贴，黄灿如金，面皮由沸水和面生成的烫面擀制，厚薄适度，滋味立体化的呈现，软脆中显示粉腻酥融，像是嗔怒的娇女子转涕为笑，一笑百媚生。面皮决口打开后，馅汁喷涌，嘴里承接不了这偏热的汁水，只好拿盘子放在下面承接，眨眼的工夫，盘底已是汪汪景象，“海潮喷于乾坤，江城入于泱漭”，大致不差地演绎了唐人王维的诗意。

锅贴里鲜红色的牛肉馅心，含有细微的葱姜，吃起来没有肉筋缠绕齿间，香软的连“无齿之徒”也可嚼食，我有时会把皮吃掉、汁吸光，再吃馅料，牛肉馅的香味更纯粹，含在口里有抱玉怀香的感觉，这是红袖添香后的进一步感情发展，但终是若有若无的事情。

我第一次吃牛肉锅贴，是南京美女詹詹引荐，她对本土美食有着极高的热情，自打开吃后，我现在几乎每到南京，都要去七家湾吃牛肉锅贴，当然原先必吃的鸭血粉丝也会考虑，这大概说明了我性格上不是一个喜新厌旧的人吧。

中秋粘饼

中秋前夕，故乡街头冒出了不少粘饼摊子，现做现卖的粘饼，香味随烟雾飘散，上升起热腾的生活景象。依我所见，粘饼的节令性远超月饼，中秋后，是见不到粘饼摊子的，而商超还有打折的月饼出售。

粘饼摊子是短暂的市井风景，现场的操作让大众买得舒心，吃得放心。糯米粉加水，揉成粉团，拉扯出一块，往中间添上馅，包起来，再摊成奖牌状，上平底锅，以菜籽油两面煎之。煎好的粘饼中间金黄，边侧泛白，类似银镶金，但色要淡些，远脱了贵金属的俗气。

粘饼之名从何而来？我不知道？请教七老八十的长者，他们也不知道。我猜测，是粘饼吃在嘴里有一丝黏性吧。这理由想想不算充足，粘饼的黏性，不及糍粑、凉团、粽子等食物，但名字有时只是个符号，就像我一位朋友名字里有“清华”，实际上却没上过清华大学。

早先受生活条件所限，粘饼往往不放馅心的，煎好了蘸白糖吃。后有了甜馅的粘饼，主要是黑芝麻糖和豆沙两种。现在粘饼种类多了起来，以荠菜、青菜、韭菜、萝卜为馅心的咸味粘饼也出现了，考究的还要往里面加上肉丁、油渣，经过高温的催发，油脂气融入到馅心里，渗透到粘饼的表面，取出时不免有油珠下落。

粘饼多是在中秋晚上“敬月光”后食用。天井中置一桌，搁上烛台、香炉，粘饼和月饼、菱角、石榴、柿子等搁瓷盘里，端到桌上，有小孩的家庭还要在旁边放一碗糖水，称为“神仙茶”，让小孩趁着没人时偷喝掉，据说可治尿床。小孩喝了糖水，和大人一起来到桌前，点蜡烛，焚香叩首敬月光菩萨，之后家人们团坐一起，泡茗茶，赏明月，享美食，此时的粘饼，罩上了如水的月光，吃起来更有深沉滋味。

做粘饼不麻烦，以前过中秋，家家都做粘饼。我祖母生前每年都做粘饼，她给我做的粘饼是“订制”款，不仅馅料足，煎时还会多放两勺菜籽油，站在略远的地方，都可以听到粘饼在锅里滋滋作响，很多年过去了，我依然觉得，那是人间最美妙的声音。

炒米和炒米糖

以前我们这边的百姓人家，几乎家家有一只炒米坛子，后来我读到作家汪曾祺文章，他说家乡高邮也是如此，这说明了炒米的盛行。我们这边百姓家里用的炒米坛子，也叫龙坛，因为上面有黄釉龙纹。炒米放到坛子后，盖上挖有牛鼻样孔洞的盖子（方便拎取），能使炒米免受潮湿，有时盖子遗失了，会配一只木盖盖在上面，也不影响贮藏效果。

加工炒米称作“炸炒米”，从事者为中老年男子，他们推着一板车行当，不时停在路边，吆喝几声“炸炒米噢”，很快就有人拿米上门了，这时他们从车上取板凳坐下，给车上炉子生火，接着拿起状如葫芦的铁转炉，打开炉门，倒入来客的米，放糖精，两根铁棍交叉一扭，拧紧炉门，放在炭炉上，炭炉是摆放在一铁架当中的，所以转炉两侧短柄正好搁到铁架前后凹下去的地方。

准备完毕后，炸炒米者开始工作，一手推拉连接炉子的风箱，一手转动转炉方向盘，同时观察转炉上的压力表，七八分钟后，炸炒米者起身，把转炉一头放入橡胶、麻布改制的大口袋中，打开炉门，只听“砰”地一声，烟雾滚滚，米香味四溢。

口袋里尽是白花花的炒米，原先的米粒，体积早已增加了几倍。加工炒米的大人付上钱后，炸炒米者还上一袋炒米，原先捂着耳朵跑远的孩子们，又凑了上来，眼巴巴地看着炒米，有的大人也不管认不认识孩子，抓几把分给孩子们，上百粒“虚胀”的炒米到了孩子嘴里后，孩子的腮帮子立即鼓得圆滚滚的，兴奋的孩子甚至连“谢谢”都没有说，又跑走去玩了，大人看着，只得无奈地笑了笑。

炒米属膨化食品，可干嚼，但味道远不如冲泡吃好，炒米放碗中，浇上热水，撒上白糖，筷子一搅拌，粒粒分明的炒米都化成了米糊，用勺子舀着吃，很香甜。不过吃炒米不当饱，只能做闲暇小食。还有把炒米拿来泡鸡汤，这是安徽安庆地区的吃法，乡人吃炒米是不搭荤腥的。

炸炒米者还炸黄豆、蚕豆、玉米等，有的还代客制作炒米糖，不过由于工艺简单，多数人家选择自己制作，做炒米糖前，先熬糖稀，买来的饴糖配水、白糖、猪油一起熬，讲究的人家还会放些橘皮丝、芝麻、姜米。熬糖时，筷子不停搅拌，等熬成丝状，至一碰就断的状态，糖稀就熬好了。随后在一块长方形模具里刷上菜籽油，倒入炒米，均匀浇上糖稀，做好这一切，拿个酒瓶在上面来回滚动，压平压实。最后从模具里倒出炒米糖，拿菜刀切成小方块。

炒米糖吃起来多少有些黏牙，幼时，我和一位玩伴吃炒米糖时，吃了两口后，我发现他上门牙少了一颗，提醒他后，他发现牙齿在手中炒米糖上了，这大概是炒米糖里糖稀放多了，把他摇摇欲坠的牙齿给粘下来了。和我换牙时的经历一样，这牙齿后来被他家母亲扔屋顶上了，据说这有积极向上，健康成长的寓意。

年关岁尾看到街头上炸炒米的多了起来，周边乡人也忙碌着做炒米糖，回去再翻翻日历，就知道离过年不远了。

焦屑

焦屑常指的是炒焦的面粉屑，故名。一般而言，炒焦的食材大多口感欠佳，而焦屑与锅巴、生煎一样，精华亮点就在“焦”上，这三者都是和米面有关联的食物。

在故乡，夏天是要吃焦屑的，有一句顺口溜“六月六，吃口焦屑长块肉”，夏季天气炎热，人易憔悴，而据说在农历六月初六天贶节这天，吃焦屑可以补充元气，特别是出嫁的姑娘，更要在这天和夫婿回到娘家，吃一碗焦屑，求一生健康。

刚收割的小麦，炒熟后磨成粉即成焦屑。另有更方便的制法是直接把面粉炒熟。汪曾祺《故乡的食物》中提到焦屑是用吃剩米饭的锅巴磨成碎末，不过这种制法，闻所未闻，但也不算离谱，很可能是旧时的制法。

焦屑呈咖啡色，这是收纳在眼光里的色彩。回味这单调、深沉、庄重的色泽，会想到颜色与之相仿的泥土。焦屑来自父老乡亲的耕耘，尽管它在灶头铁锅中有了质的改变，但它还是心向大地，这是父老乡亲过渡给它的优良品质。

焦屑是我幼年常能吃到的食品，那时，我家后面还有一大片田地，母亲和承包田地的农妇熟悉，秋收后，她常带我去拾麦穗，空荡荡的田间地头，零星散落着宛如金羽箭的麦穗，捡到一枝，都会让我一阵兴奋。回去后，母亲就以搓板充当“脱壳机”，戴着手套反复搓擦麦穗。接着，分离出的黄灿灿谷粒，被母亲放到簸箕里，接着在空旷处铺一塑料布，反复颠倒，让风儿吹拂掉谷粒的“内衣”。母亲会把粗加工过的麦谷拿到粮站上，按三比一的比例换面粉，一部分面粉会用来炒焦屑，炭炉子的火烧得旺旺的，铁锅里倒上焦屑，来回翻炒，炒后放坛罐里密封保存。

焦屑是泡着吃，取两勺到碗里，浇热开水调成糊状，就可食用。那时我泡焦屑后，总要再加上一勺白糖，得了糖水的滋润，焦屑不再干燥呆板，香甜蜜意在舌间漫溢。焦屑的香是浓烈的焦香，和多年后我所喝的酱香型白酒味道有些类似，不过焦屑冷后，焦香就会黯然消失，似有人走茶凉之感。

放在以往，焦屑和麦乳精、京果粉、炒米一样，都是我们这边待客的佳物。多年后，我读《板桥家书》，书中说天冷时，郑板桥泡一碗炒米，佐以酱姜招待穷亲戚朋友，他说这“最是暖老温贫之具”，由文字衍生出的热气腾腾，让我想到了那些吃焦屑的场景，随即跳跃而出的是炉火、温度、人情、餐具等词语。世俗的味道，一直在我们的鼻息间徘徊，渗透入我们的生活中。

一 饺面饭

阳春面

苏沪乃风雅之地，一碗光面，被定名为“阳春面”。面名中运用了比喻、夸张的修辞手法，有化平凡为神奇的意境。

细探阳春面本质，一碗油润红亮的面汤，似红日暖阳。汤上漂浮着的青蒜末或小葱花，青绿欲滴，符合春绿的特征。细长的白面条呢？就是阳春白雪吧。我们这边，阳春和白雪往往无缘，我印象里阳春三月未曾下过雪，更别说见证窦娥冤的六月雪了。

阳春面注定给人生增添暖意。阳春面不只在阳春吃，在其他的时候也吃，特别宴席尾声，阳春面是会作为主食上桌的，取面之形象，宾主话语中又会多出“常来常往”的词汇，这当中有人情世故的温暖。

挑起阳春面，吸溜着吃，有哗啦啦的声响，仿佛泉水细细地流淌。一桌人在吃阳春面，就是众泉在奔流的感觉，汇成江河，不在眼前，而在耳畔。

阳春面以简约面目示人，没有浇头，面条是便宜的挂面，打底的面汤看上去也一般，但却是用多种香料熬煮的。这和王世襄收藏的明式家具一样，外观朴素，用料考究，却不乏黄花梨、紫檀等名贵材质。

阳春面做法没有统一模式，烹制者各有各的风格。可用白汤，可为红汤，大画家林风眠独居上海期间，常以红汤阳春面当中饭，佐面物仅为菜干煮肉，面、菜貌似简单，却味道极好。原来烹制所用酱油加工过，是把买来的酱油加了白糖、生姜，煮沸后冷却的。掌握这个秘方的林风眠好友柳和清后在香港开设功德林素菜馆，将之用到拌面里，广受欢迎。

阳春三月

等到下面前后，阳春面碗中还会放猪油、麻油、胡椒、虾子等调料，浇上清汤，配上蒜末或葱花。汤里如果不放面条，用来泡饭，那口感也绝对令人惊艳。一次我在家下阳春面作午饭，剩下的面汤没舍得倒，晚间，剥了两颗白菜，把菜心连同残汤倒锅里，添了两勺冷饭，煮沸后吃，味道比之前还要鲜美，原因在于白菜有提鲜之效。

阳春面普通，却是文化的一部分。一位定居美国的上海人告诉作家叶辛，阳春面等美食对漂泊在外的异乡人来说，是对家乡的追忆。叶辛感同身受，说为上海写传，阳春面等美食不得不提及。用饮食的味道勾勒故土的轮廓——这是游子们需要的世界，这个世界里，有舍弃不掉的乡情、乡音，以及一缕淡淡的乡愁。

凉拌面

凉拌面端上桌时，外面太阳正盛，内心烦躁的人们此刻好像看到了“解药”，叉起面条，呼啦啦地吃着，吃完面条，汗水不再刷刷地流淌，身体随之感到轻盈了很多。

让人从昏沉沉的状态中清醒过来，凉拌面可以记上大功。食物虽是物质的，却可以给精神提气，来改善人们对环境的适应。

凉拌面是热制冷食，烧起火，搁上锅，倒入水，烧沸后，放面条，盖上锅盖，数十秒后，漏勺捞出面条，过到冷开水里，捞上来，沥干水分，放到大碗中，洒一勺香油，捧碗至电风扇下，借助风力，搅拌面条，使面条不至粘连，被冷风吹透的面条如《上海滩》中发迹后的许文强头发，根根分明，冷酷到底。

等到想吃面条时，再加上调配好的酱汁，想口感丰富些的，可以再加上用黄瓜丝、胡萝卜丝、牛肉丝、榨菜丝、青椒丝等炒制的配料，或繁或简，完全可以根据个人喜好来。做凉拌面，可以充分体验自由的价值。

面条能决定凉拌面品质，做凉拌面，刀切面肯定胜过挂面，挂面入沸水易黏糊。刀切面碱重些，过沸水后不易糊，吃起来筋道。不过刀切面看上去大大咧咧的样子，远没有工业化生产的挂面纤细秀气，但人不可貌相，何况面呢?

武汉有特产热干面，如果热干面后有反义词填空的话，我会毫不犹豫地在括号里填上凉拌面。热干面武汉人四季都要吃的，而我们只在夏天和“秋老虎”肆虐的初秋吃凉拌面，再精细区分的话，我们只在夏秋时的中午、晚上吃凉拌面，因为早上人体阳气偏弱，吃凉物会强烈刺激胃肠道。

进入夏天，市场上就有卖凉拌面的，一是流动摊位，挂着“陕西凉皮”的招牌，兼卖凉拌面，有人买了，摊主带着塑料手套从搪瓷钵里抓一块面到泡沫碗里，放上调料和配料，再递上一双一次性筷子，买者现场也就吃了起来；另一是大小面馆，这时都会推出凉拌面，很多人吃时还会叫上一碗绿豆汤，一口面来一口汤，慢悠悠地吃着。但总觉得不太过瘾，店家毕竟要考虑房租、人工等费用，一碗凉拌面有个三两五的量就算可以了。

所以我更喜欢在家吃凉拌面，大锅里煮上几斤面，凉透后，想吃多少吃多少。我家常做的是三丝凉拌面，这是我母亲的“拿手面”，里脊肉丝、鸡丝过油后，和煸炒后的黄瓜丝、笋丁、香干片、香菇粒、木耳末、姜米、葱花放在一起，最后盖在凉拌面上，加两勺预先熬好的葱油酱汁。面里有菜，菜里有面，它们互为衬托，各不相扰，直至来到口中，它们才会在牙齿的撮合下，聚拢在一起。

母亲做的凉拌面，我想可以称作“娘伴面”吧。这样的面条要多多食用，有娘的孩子是幸福的。

三鲜熬面

做人要面面俱到，按我理解，这当中讲的既是脸面情面，也是饭桌上的面条。我虽不是顿顿吃面，但也是经常吃面条，有时吃汤面、有时吃拌面、有时吃炒面、有时吃焗面，偶尔会吃熬面。吃熬面的时候，我想到“媳妇熬成婆”这个俗语，面容姣好的少妇，恍惚间已成满脸沟壑的老太婆。

我不喜欢“熬”出现在岁月中，它磨掉了时光的情趣，轻视了生命的价值。我喜欢饮食中的“熬”（当然熬药除外），它是一个向美好过渡的过程，去粗取精后，映入眼里的是美妙，落到嘴里的是美味。烹饪和品食连接在一起，才是值得享受的完整美食。

熬粥熬去的是水，熬面熬去的是汤。煮透的面条，又至开水中过一下，置入汤中熬煮。汤是预先备好的，光鸡、鸡爪、猪手氽后，配上葱姜，搁锅里，倒入清水，放煤炉上，盖锅盖，煮沸腾后，再转小火焖煮，中间换四五只煤球，当末代煤球逐渐由黑转白，炉火就打起瞌睡，直至完全熄火打烊。此刻揭开锅盖，食材变得烂熟，也变得若有若无，乳白的汤色挡住了它们伟岸的身姿。

以这浓汤再熬煮面条，加些笋片、木耳、肴肉、河虾，最后再放上烫熟的小青菜，撒上虾子，添点盐和胡椒，就是三鲜熬面。鲜的滋味在食物里，在幸福中，我看他人低头吃熬面的情形，热气缓缓飘散，肉眼观察到的，不仅是热火朝天的生活，更是蒸蒸日上的人间。

三鲜熬面的鲜美，靠的是慢功夫，功夫慢，不代表行动慢，以前我想吃熬面了，和母亲说一下，我立说，她立行，准备好主料辅材，两三个小时后，一碗三鲜熬面就端到我眼前。某天，我看到母亲头上白发突然多了不少，就在饮食上没有再提什么要求，想吃什么，或自己做，或是买现成的，不给长辈添麻烦，是尽孝，也是尽善。

市面上供应三鲜熬面的小吃店很多，但质量参差不齐，有的“熬”功不够，汤不入面味，观之尚可，终究是表面文章，耐不住琢磨；有的汤有“水分”，甚至骨粉炖汤，鲜的舌尖泛麻，食后口干舌燥；有的偷工减料，如以火腿肠代替肴肉，吃在嘴里像是吃塑胶片，这么说并非全盘否定火腿肠，只是说它出现在熬面里是个错误。好的食物，讲究合理搭配，就像用牛奶泡油条吃，始终就会觉得别扭，远不如豆浆泡油条吃那么舒坦。

吃三鲜熬面，食面条、尝配菜、喝浓汤，仿佛依次走入了鲜意三境界。这与国学大师王国维《人间词话》中的学习三境界有异曲同工之妙。老子云：“治大国若烹小鲜”，同样，治大学若烹小鲜。

兰州拉面

但凡有城市的地方，几乎都会有兰州拉面店。拉面让兰州显名，兰州让拉面增光，因吃拉面，很多人向往兰州、前往兰州，饮食使人记住了一个地方，饮食代表了一个地方的水土。

我在很多地方吃过兰州拉面，也在兰州吃过兰州拉面，兰州拉面在兰州被称作“兰州牛肉面”，兰州人将之亲昵地称作“牛大”。而在外“闯荡”的兰州拉面，在兰州人眼里是不值一提的。

兰州三面环山，悠悠黄河穿城而过，兰州也好像沾染了山水的细致。根据面条宽度，拉面可分为细、三细、毛细、大宽、二宽、韭叶子、荞麦棱子等十多个品种。同时还讲究一清二白三红四绿五黄，即汤清，汤里萝卜白、油辣子红、香菜和蒜苗绿，“五黄”属于“旧黄历”，说面条要呈黄色，这是昔日拉面时放蓬灰（蓬灰草烧成灰的产物，可增加面的筋道感）后产生的变化。还有说法把“五黄”换为“五碎”，意思是面中的牛肉要香烂入味。

兰州牛肉拉面创始于1915年，当时回民马保子开了一家小面馆，他起初做“羊肉拉条子面”，发现由于羊肉具有的膻味，很多人并不爱吃。后来他就改用牛肉牛骨熬成的汤作为拉面的主汤料，而且面条也不再局限于拉条子面一种，推出后大获好评。1946年6月，民国大佬于右任慕名前来品尝，还在面馆留下了“回味无穷”的墨宝。

牛肉拉面确实不会吃腻，在兰州的三天时间里，我几乎顿顿吃牛肉拉面。印象最深的是一天早晨，朋友带我去一家牛肉面馆吃早饭，面馆门口，早已排起了长龙，椅子上，坐满了吃面的男女老少，等不到座位的食客，有的把面碗放在板凳上食用；有的就蹲在面馆旁侧端着吃，闻着空气里牛肉汤的味道，再看看他们吃得很香的样子，闻见者也会心生向往。

朋友是土生土长的兰州人，我特意观察他如何吃面，在热腾腾的大碗面条上桌后，他先是浇了少许香醋，搅拌上几下，拉面上的蒜苗、香菜、油辣子、萝卜、牛肉瞬间分散到碗的四周，然后他就着海带丝、土豆丝等小菜，慢慢地食起来。我依据他的食法，如法炮制，感到被牛肉拉面释放的辣味打开味蕾后，鲜气紧接着长驱直入，口舌也不知疲倦地“快乐劳动”。吃了三筷面条，喝了两口汤后，我的额头上已冒出了汗珠，身上也被一阵暖意包围。记得那次，我和朋友每人吃了两碗“牛大”，按朋友戏言，为吃面，打的花费百十元，多吃点，平均一碗面的成本就少了。

我听朋友还讲了一个和拉面有关的笑话，说以前有个兰州人比较精明，他到了面馆，向老板说，点一碗小份的牛肉拉面，肉多些，汤多些，面多些，香菜多些，萝卜多些……老板听后，竖起眉毛，瞪起眼睛不乐意地说，你就不能来个大碗的吗?

这个笑话说明了牛肉拉面在兰州人生活中的重要性，有时想到了，还真能勾起脑海里对兰州牛肉拉面的回忆，最后只得到家门口的兰州拉面馆凑合着解个馋瘾。细细品咂，笑话笑点虽低，但却很有味道。

菜肉饺的母爱滋味

我母亲闲暇时喜欢包饺子，自己调馅，外面买来饺皮包。我去很多朋友家吃过饺子，都是这样的模式。本土水面店出售的饺皮是梯形的，而北方水饺的饺皮是圆形的。梯形的饺皮包出来的水饺像一艘小船，但更像一个元宝。林语堂编写过一本《生活的艺术》，我觉得，因为有上述比喻的铺垫，吃饺子可以算作实践生活的艺术。

我们这边的饺子馅都是菜肉搭配的，猪肉丁佐以韭菜、荠菜、芹菜、青菜一类的时蔬，有条件的再放上些茶干丁、虾米。包好的饺子可煮可蒸，煮的要调好汤料，捞上来浸在汤里吃。蒸好的饺子蘸酱醋汁食用，吃口相当清鲜，也可在调料里加些蒜泥、放些辣椒酱，调料仿若国画中的重彩，口味也由此厚重了，吃后免不了刷牙或吃口香糖。

饺子是百姓间交往的贺礼，每次包饺子后，母亲都会让我给左邻右舍送去，一个淘篓里放上整齐排列的饺子，盖上一块洁净的干毛巾。我就如外交使节一样开始“出访”，跑完一家，再回去拿，整个楼跑下来，要来回十余趟，送上二百只左右的饺子。闻着楼道里飘散的饺子香，母亲眼里漾着笑。

饺子包多了不要紧，可放冰箱冷冻摆上一两天。我家喜欢把饺子蒸熟后存冰箱，想吃时直接上锅用菜籽油煎了吃。煎饺油汪汪的，单吃显得腻了些，用来搭粥，再上一碟萝卜干或雪菜丝，香且爽口。一位减肥中的朋友告诉我，她曾以平底锅水煎饺子吃，只在饺子表面刷一层薄油，味道也好，有机会她要做给朋友们尝一下。

有句流传多时的话说，“好吃不如饺子，舒服不如倒着”。饺子是平民的美食，东西南北，都可看到；早中晚上，都有人吃。馅心也是五花八门，饺子和包子一样，内里可以“包罗万象”。不过在尝过诸多品种的饺子后，我觉得还是母亲包的菜肉饺吃起来更舒坦。

老舍先生写他少时羡慕邻居富户包的饺子肉多菜少，他母亲却说自家饺子虽菜多肉少，但会使胃里和心里一齐舒服。很多次，在吃母亲包的菜肉饺时，我都会想到这段章节，因为有爱和付出，这样的饺子才会鲜爽开胃，让人百吃不厌。

“饺子”还是我初中时喜欢的日本漫画《七龙珠》中的一个人物名，至今还有几本《七龙珠》躺在我的书橱里，这几本漫画书是我语文考试得到全班第一后的奖励，是当年母亲跑了好几家书店才给我买到的。一位母亲，为一个孩子成长倾注了太多！

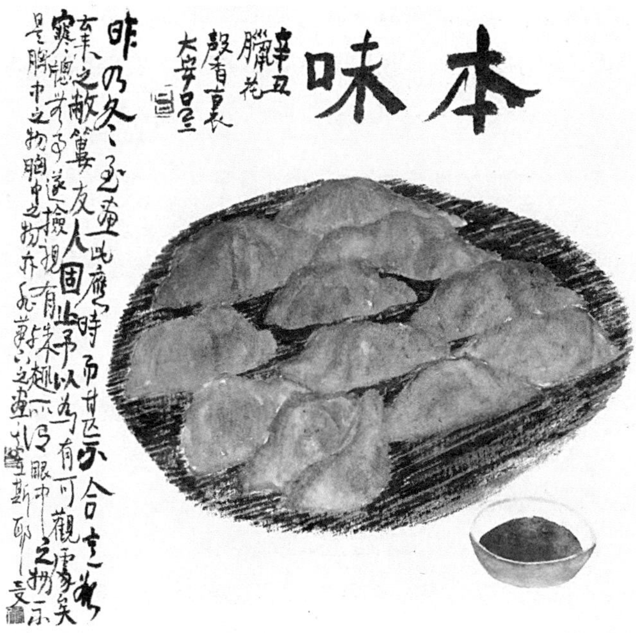

本味

面疙瘩

很多面馆会供应面疙瘩，完整一点表达，应该是面疙瘩汤。我经常吃青菜疙瘩汤，很少吃价格贵些的海鲜疙瘩汤，海鲜疙瘩汤里面有花甲、花蛤、蛏子及蔬菜，汤浓且鲜，但万不可陶醉在面疙瘩的绵软境界中，因为汤中的小碎壳很犯嫌，吃时要小心翼翼。

面疙瘩以形得名，少量的热水倒入面粉当中，顺着一个方向搅拌至面碎状，徒手揪取一块，扔到锅中正煮得沸腾的汤中，也就几分钟的工夫，面疙瘩就成形了，如一条条“白鱼”在汤中穿行。面疙瘩都是条块状，但每一个面疙瘩的形状都不一样，造物主让它们不同凡响地亮出自我。不过也有形象相同的面疙瘩，古典名著《红楼梦》中，宝玉要吃一种“小荷叶儿、小莲蓬儿的汤”，按王熙凤解释，这“小莲蓬儿”，是用模子印出造型的面疙瘩。这一个模子里出来的面疙瘩，费工费时，仅是增加了面疙瘩的美观罢了。

大众化的面疙瘩应该以简取胜，取材不求高贵，加工不求繁杂，简单当中，包含深邃含义。在我想来，它的精神气质应该如南宋画家梁楷创作的《泼墨仙人图》，笔墨言简意赅，凡俗的眉目中透着仙意，自然真切，俗雅俱在。

但光看纸面上的“疙瘩”，不是能让人开心的词汇，人与人之间有点不愉快，会说这两人之间有了疙瘩；心里有难解的结，会说心里面有了疙瘩。这两种情况，我觉得都可以用面疙瘩来解决，煮上一锅面疙瘩汤，主动邀请有误会的朋友一起品食，吃着聊着，各自推心置腹，友谊还会天长地久；心中忧郁时，可以试吃上一两碗面疙瘩，权当是把心中疙瘩消灭，想想也会心平气和。这绝不是阿Q精神胜利法的现实利用，而是疏导情绪的一种方式。

我这么一说，似乎吃面疙瘩超越了一般的吃喝行为，成为了解决“矛盾”的克星，其实这算是“仁者见仁，智者见智”吧。温和温性的面疙瘩在现实生活中确实有着广泛的适用，它可当早茶晚餐，无时间之约束；它搭配荤素，与各种食材相处融合；它亦菜亦饭，充饥解馋一举两得；它老少皆宜，适合所有人食用。

即便配多种食材、放多种调料，面疙瘩的麦香依然存在，这是它的宝贵初心。食面疙瘩，不由得出这样的思考，高居庙堂者，要铭记生养自己的土地，那一片江湖，永在心中。

镇江锅盖面

镇江金山上有座金山寺，其因传说《白蛇传》中白娘子“水淹金山寺”的情节而天下闻名。我到镇江吃当地名吃锅盖面，看到木质的锅盖在面汤上漂浮晃动，感觉似乎就是“水淹金山寺”的场景，就像金山寺的住持法海确有其人一样，传说可以在生活中找寻到影子。

当面条从面锅里浮上时，以锅盖压面，故名锅盖面。在镇江，十来步便可看到一家锅盖面馆，下面的锅盖多取材杉木，有的面馆所用锅盖已有五六十年历史。

锅盖不是下面时的噱头，锅盖在热水中，能控制速度和方向，使面条保持软硬适中的口感。听说在锅盖和面条的亲密接触中，面条还能吸收木香味，可能是我鼻子拙，和锅盖面虽有过数面之缘，但我从未闻出面条里的木香味。

感受不到木香，但好在锅盖面还有面香、调料香、汤汁香、浇头香，这就如一个高考考生，一门成绩不好，但其他几门成绩好，这让他的总分依然很高。

锅盖面的面条是天生的好坯子，经过千百次跳压而成的面团，接着切成面条。纯手工的制作让每根面条都是鲜活有劲，假使把它们转为书法线条的话，可算是唐代“草圣”张旭的狂草，大起大落，力透纸背。

锅盖面所用酱油皆为秘制，以桂皮、八角、茴香、香草、胡椒、虾子、菌菇、鳝骨、香葱、地龙等十多种材料搭配酱油熬煮而成。其中的“地龙”就是蚯蚓的干燥体，这种常见的节肢动物在家乡土话中叫“何鲜”，可能这味冷门的材料本质确实很鲜吧。提到它，我就想到幼时字写不好被老师批评为像是“蚯蚓爬”，然而这却没有给我品尝锅盖面带来心理阴影。

面锅里烫过的豆芽、豆干搁到碗里，这是锅盖面不可缺少的基础辅料，其他如肴肉、肥肠、腰花、鳝丝、猪肝、牛肚、狮子头等浇头皆可自由选取。端上来的锅盖面，红汤在碗中荡漾，浇头置在突起的面条上，呈现出梨花绿柳、桃花潭水之类的景象。来回搅动面条，热香气更盛，充斥到品吃者的周边，这是人间鲜境。

依偎浇头、浸润汤汁的面条入口后，能感受到它汲取荤素食材后的鲜香，随着牙齿的上下咬合，齿尖上有了轻微的弹性，味觉持续地涌向高潮。

俯观闷头吃面喝汤的食客，也似一锅盖置于桌上。据传面对一碗鲜香四溢的锅盖面时，乾隆帝也曾低下他那高傲的头颅，尽情品尝。常言道，人在屋檐下，不得不低头。其实在心仪的美食面前，人同样是会低头的。口舌之欲，有时难以阻止。既然鲁迅笔下的孔乙己先生可以说，“读书人的事怎么能叫偷”。那么吃货也可以振振有词地说，美食家的吃怎么能叫馋。

锅盖面，被称作“江南的天下第一面”，这是一个模棱两可的称谓。远不如镇江中冷泉“天下第一泉”的称号底气十足，因为此泉从唐代开始，就被诸多名人认证。如果用中冷泉的泉水来煮锅盖面，锅盖面“江南的天下第一面”名号中的前三字想必可以删去，用能够泡茶的好泉水来煮面，其味定也绝妙。

锅盖面，我只在去镇江的时候吃。因锅盖面，我对镇江多了一份念想，多了一个想去镇江的理由。

宣堡小馄饨

在江苏的版图上，泰兴宣堡镇只是一个不起眼的小镇。这地图上几乎寻觅不到的小镇却很有名气，有名的不是景色，却是一碗小馄饨。

馄饨的面食身份深入人心，它源自北方，传至南方后发扬光大，不仅有了繁多的制作工艺，也有了云吞、抄手、扁食等名号。江苏一带的馄饨，制作精细，个头小巧、馅料多样，具有代表性的有南京柴火馄饨、江阴刀鱼馄饨、宣堡小馄饨等。

小镇的馄饨与古城的馄饨并驾齐驱，着实风光无限。宣堡小馄饨起源于1947年，为当地人赵鸿福研创，赵鸿福又名赵锅了，因为在父母生他前曾有孩子夭折，按风俗，埋葬这类称为“讨债鬼”的孩子时要用铁锅盖上，以期之后的孩子能够平安，故赵鸿福出生后，父母便给他起了个“锅子”的小名。赵鸿福原是石匠，后改行开馄饨店，为了在竞争激烈的行业中立足，他从馄饨制作工艺上进行了改进，从此一炮走红。

历经六十余年发展，宣堡小馄饨已成为江苏省内一块赫赫有名的美食招牌，每天驱车赶至宣堡吃小馄饨的人不计其数，究其原因，主要是现代人肠胃被大荤大肉、精米细面填充，时间长了，就不免烦腻，便想去找些特色小吃换换口味，百度一搜索，就能找到被吃货褒誉有加的宣堡小馄饨，赶去一品尝，嗨！味道果真不错，一来二去就吃出了感情。

旧时贫民把吃宣堡小馄饨当作打牙祭，如今小馄饨却是远近人们节假日品尝的名吃，不得不说，事物功用随时代的变迁而变化。在食材上涨的今天，于吃货们而言，宣堡小馄饨确实省钱又省事，但它的工艺却不能省略，那薄而透明的面皮，火柴一点就燃，不知用擀面杖擀了多少次？那细腻的嫩红色肉馅，不知用菜刀剁了多少遍？即便那用作底料的秘制汤汁，也不知在煤炭炉上熬了多少个时辰？

面皮、肉馅、汤汁准备完毕并不算数，包馄饨和下馄饨更有技术含量。熟练的店家手持一张面皮，拿竹刮子挑点肉馅，放手中轻轻一捏，一个外观颇似麻雀头的小个馄饨就诞生了，而前后过程，不过在数秒之间。包上二三十个馄饨后，店家倒入热水锅中，两三分钟后，白里透红的馄饨从水中漂浮起来，那模样，像水中盛开的娇嫩荷花，又酷似完成任务后的年轻女跳伞员。

盛放碗里的小馄饨在掺杂着油渣、蟹黄、虾子等配料的汤汁映衬下，好看且好吃，猛吸着诱人的香味，用小瓷勺捞起一只面柔馅嫩的馄饨品尝，真是鲜美到极点，闷着头吃完馄饨，还不过瘾，把半碗汤汁也喝得一滴不剩，等抬起头再看看周边的食客的瓷碗，全只看到白花花的碗底了。

宣堡小馄饨的美味，与原料也有关系，特别是肉馅，取自当地泰兴土猪的前夹肉，该土猪以豆饼喂食，肥美鲜嫩，清代盐商童岳荐认为其“易烂而有味”，并记录到美食名著《调鼎集》中和吃货们分享。

三色馄饨

朋友骏哥的饭店为本城老字号，为骏哥太祖父于民国初年创办。但凡老字号，都会有一些特色名品，三色馄饨就是骏哥店中的名品。

三色馄饨，是鲜肉、虾仁、荠菜三种馅心的馄饨。吾乡馄饨，外形小巧，皮薄馅丰，因此煮后搁置到碗里的三色馄饨，鲜肉馅的红、虾仁馅的粉红、荠菜馅的绿，透过罗纱般的面皮，能真切地看到。馄饨混沌，其名字按文学界定，可算朦胧派；其质态套取江湖称谓，可称全真派。

汤汤水水中的三色馄饨，像透明的伞、像素绢的帽子，更像是漂浮在水面的水母。勺子摇晃几下，它们如白云般在虾子酱油红汤或鲫鱼筒骨白汤里缓慢流动，在轻微的活动中，馄饨发挥着自身的鲜美，吞食着汤汁的鲜香，由此我对馄饨的云吞别名有了深刻认知。片刻后，空气中飘散出鲜香之味，碗内陡增了鲜丽之态，转换到食客眼里就是鲜亮之色了。

经敞口锅的水煮，加上底汤的浸润熏陶，原先沾着白粉的半透明三色馄饨外表已是湿润可人，吃到嘴里也是润泽的，猪肉的油腻，虾仁的土腥，荠菜的寡淡已全然察觉不出，三种味道轮番上阵，一套美味“组合拳”下来，味蕾彻底臣服。低头反复地舀食馄饨，热香气扑到了整个脸上，额头上顺势沁出细密的汗珠，也顾不上拿纸巾去擦汗，生怕停滞一刻，三色馄饨的鲜美就随时光流逝。

三色馄饨

三色馄饨，其实也称作三鲜馄饨，其鲜不单是说鲜美，更在于馅心的新鲜。猪肉是前天夜里宰杀的生猪，虾仁剥取自活河虾身上，荠菜是农户凌晨时在野地里挖的。因荠菜主要是冬春两季才有，所以在其他两季，骏哥会以青菜等时蔬作馅替代，味道略微逊色，用书画收藏术语来形容，也许就是“下真品一等”。

“不时不食”是一句经久传扬的老话，骏哥一直以此为信念做饮食，就连三色馄饨汤里的辅料他都有讲究，比如冬春放香菜末、青蒜花；夏秋时放蒜泥、韭菜末。到了秋天时，汤里还要加上适量的蟹黄提鲜。正因为如此注重细节，所以他的三色馄饨能日销八百余碗就不足为怪了。

粯子粥

朋友自泰兴归来，给我捎来十来斤元麦粉。我捧起一把元麦粉，低头闻着麦香，黄色的麦粉在我的思绪里回归衣胞地，它们聚拢凝结成一粒粒饱满的籽粒，回归到麦穗的阵营，在广阔的田野里涌起金色的麦浪。我决意用元麦粉做了一锅粯子粥，让麦香悠久地在心田飘荡。

粯子粥中的“粯”字，在宋书《集韵》中意指“米屑”，这很符合麦粉的形态。元麦粉添水，调成糊状，倒进煮着的粥中，煮沸即成粯子粥，民众将它戏称作“土咖啡”——这是从粯子粥色彩上得出的结论，但粯子粥能充饥充渴，俗语道“粯子粥灌灌，养得像个胖倌”，农家汉子喝上三五碗粯子粥，捏上两根萝卜干，做起农活来是脚底生风，咖啡适合恋爱男女、白领小资闲时品喝，两者本质迥然不同。

我看粯子粥颜色，接近土黄，似滔滔黄河水，或黄土高坡之土地，这是鲜亮的淳朴原色，让我又不禁想到油画家罗中立的代表画作《父亲》，老农黝黑的肌肤，经过了多少的风吹雨打日晒？脸庞上沟壑般纵横的皱纹里，不知流淌过多少辛勤的汗水？老农端着的一碗水，甚至被我想象成是一碗粯子粥，它滋养了劳动者，更滋养了我们。因此每一碗粯子粥或是其他的饭菜，都当珍惜，它们有光荣的滋味。

光荣还存在粯子粥的阅历当中。粮食短缺的时候，粯子粥和芋头、山芋干、山药果、豇豆等混煮，有效地解决了万千家庭的温饱问题。如果有可能，可以把粯子粥开发成方便食品，名字就叫“光荣之粥”，用作礼品慰问“光荣之家”，或用于福利事业，这是很有意义的事情。

粯子粥四季可食，但今人很少再食，吃惯了米饭，再转而吃稀薄的粯子粥，难免觉得心中寡味，如今它只是偶尔在餐桌串个场子，让老辈人忆苦思甜，让年轻人调剂口味。不过近年来，宴席的主食品种里也有粯子粥了，附上小菜榨菜丝，抿嘴啜饮数口，舌面滑爽，如含清新暖玉，浑浊的酒气静静挥散。

在酒店中吃过多次粯子粥，观察多次后，发现大多色呈偏红，一时不知何故，后有高人指点迷津，说放了食碱水后所致，可让粥黏和而不淀汤。而以前的粯子粥是用井水煮，井水蕴含大量矿物质，故能同样能达到效果。

如以大麦粉替代元麦粉，做粯子粥，亦可，但黏稠度不足，口味稍逊。另外，我深深坚信，元麦有养元固气的效果，它绝非是浪得虚名之物。

红豆粥

约一好友吃饭，实际却是吃粥。好友说最近吃的太油，越简单越好。于是，找了一临街粥铺，点了一砂锅红豆粥，要了三碟小菜。朋友连吃三碗粥，吃得喜笑颜开。最后结账不过二十余文，这是我请客花费最少的一次。

粥铺里的红豆粥，火候十足，煮开了花的红豆把米粥过度成深红色，粥吃在口中，像一片丝绸从舌面上滑过。筷子轻搅，香雾扭着妖娆的身姿升腾起来。

红豆粥，吃的少了。以前上小学，早上常在学校吃红豆粥，虽可续加，但很少吃两碗，很多时候，中午还没放学，肚子就饿了。但凡粥类都不瓷实，要配点心鸡蛋吃。

寒冬里，看到一碗热情似火的红豆粥，满眼睛都会冒出暖意。吃后，周身俱暖，精神也变得饱满起来。这种感觉和我以前喝鹿血酒略有相似，不过少了火气。喝鹿血酒是浑身蹿火带来的暖，眼睛都会是通红的。红豆粥带来的暖是温和的，一如暗恋多时的学妹在雪天里给你深情的拥抱。

读书累了，写作倦了，去泥炉上把温养着的一锅红豆粥捧到桌上，盛一碗，不急于吃，就这样端着，热量从掌心传到内心，似乎一缕阳光洒进了心房。即使室外风雪交加，灿烂的心情不会受任何影响。

以前读王维“红豆生南国”诗句，我以为描写的就是红豆粥中的红豆，后有一杨姓同学带了几枚附有黑色斑迹的红豆给我，我方明白，这才是诗中的红豆。杨同学一再嘱咐，红豆有相思之意，不能送女生。可是我还是忍不住送给了一位笑起来有两个小酒窝的女同学，记得是在校门口的小桥上给她的，我能感受到当时我脸上是燥热的。

苏州的红豆粥别称糖粥，因为确实放了糖。有回在苏州皮市街，我在有名的潘玉麟糖粥摊吃到了红豆粥，去皮熬制后的红豆沙和糯米，粳米分开煮，最后再把豆沙倒在米粥上。碗中红白两色各占据一方领地，像是去了中间圆点的八卦图形。滋味甜而有度，清而有味。散去市井烟火气后，尽留清欢之味。

好久没吃苏州红豆粥了。最近几次去苏州，都没有想到去吃，这并非是不爱吃它，而是苏州的美食太多了，一如我有一大帮的苏州朋友，但每次去都无暇一一拜访。

茶泡饭

三伏天的傍晚，全身烦躁，索性盛一碗中午煮的米饭，浇上温开水，就着酱黄瓜、萝卜干等小菜，一勺一勺地舀着吃，吃至见底，心情平复，看着窗外绚烂的晚霞，觉得热天也不那么厌烦了。

吾乡将开水称作茶，把茶水称作茶叶茶，故以水泡饭称为茶泡饭，以茶水泡饭还叫茶泡饭。茶泡饭质态介于饭和粥之间，不软不硬，米粒分明，鲜亮润泽，扒完带着咬嚼劲的米饭，喝着化身为米汤的开水，充饥解渴，两全其美。

茶泡饭非新生物，明末名士冒襄在《影梅庵忆语》中回忆爱妾董小宛生前“每饭，以岕茶一小壶温淘，佐以水菜、香豉数茎粒，便足一餐”。以汤色柔白的岕茶泡饭，舒展开来的米粒像白色的星星，让承载它的瓷碗黯淡无光。茶香与稻米香如名士与美人的爱情，在起伏中和谐交融，飘散出芬芳的诗意。

俗谚“好看不过素打扮，好吃不过茶泡饭”，虽无法穿越时空见上董小宛一面，但我想，一个人的饮食习惯能反映出他生活中的态度，喜欢茶泡饭的董小宛定是素面朝天的女子，这类清爽朴素的女子耐看、也更能令人着迷。于是，也就有好事者将董小宛与清朝顺治帝拉上姻缘，虚构出顺治帝舍弃江山，为之出家为僧的故事。

茶泡饭能雅能俗，能让人返璞归真，老派文人叶灵凤把“赤了双脚，仅穿汗衫，吃一碗茶淘饭充饥”当作人生的一种享受，这与他平日穿西装、打领带的形象有很大出入，这样的叶灵凤，或许是最本质的叶灵凤，爱书的他曾说过“摊开了每一页书，我不仅能忘去了我自己，而且更能获得了我自己”，在茶泡饭面前，他大概同样可以获得这样的感觉。

满天星辰下，一大海碗茶泡饭摆在长条桌上，三五朋友围坐周边，拿小碗分食。人手一个咸鸭蛋，一碟咸菜丝，无须酒来助兴，也是一顿增添情谊的好伙食。饮食上的简单不代表心灵上的匮乏，在日渐浮躁的社会，简单会带来安宁；在人心疏离的世间，简单会带来温暖；在琐事繁多的日常，简单会带来自在。健康的人生，必须删繁就简。

用开水泡饭，还是茗茶泡饭；泡的是籼米，还是粳米，并不重要，重要的是从茶泡饭中获得安逸和踏实，以及其他一切的美好，就像日本俳句诗人小林一茶那样，从中收获佳句——谁家莲花吹散，黄昏茶泡饭。此句我很喜欢，久读不厌。

烫饭

做烫饭比茶泡饭烦琐些，茶泡饭只要以开水或热茶浇到饭上就行了。烫饭要将米饭放锅里，加水烧开了才成。按乡人的习惯，早上是要吃烫饭的，头天晚上的剩饭，做成烫饭，配上小酱菜，早饭就解决了。

隔夜米饭被柔情之水拥抱，火的烘托，让米和水陷入热恋，在它们如漆似胶、即将不分你我地向粥的状态过渡时，这段感情戛然而止，但更名烫饭的米饭并没有因此失去积极的态度，它不遗余力地把热情带到锅外的大千世界，使芸芸众生的五脏庙里有了世俗的温暖。

烫饭是简餐，但绝非快餐。热烫烫的烫饭，需细嚼慢咽，吹着气吃上几口后，用筷子搅拌，挥散去饭中的热气，再连汤带水慢条斯理地吃。“心急吃不了热豆腐”，此话亦可适用于吃烫饭上。

先前粮食紧缺的时候，多数人家早晚吃烫饭，中午吃米饭，俗称“一干两稀”，佐食的也就是到酱园打的辣瓣酱，几分钱可购一大海碗。挑一点酱，吃两口烫饭，吃得浑身暖烘烘的，口舌生津，干起活来虎虎生风。按老辈人说，吃烫饭，不饥燥。“不饥燥”是不饿不渴，心里有底不烦的意思。

父亲跟我讲过一事，我从未见过的舅爷用烫饭救助过友人。那是特殊的年代，一解放前参加革命的干部蒙冤被关，接连被批斗数日，也没有吃的。舅爷和这位干部是多年老友，为救助朋友，舅爷把烫饭装到茶瓶里，另外弄了点萝卜干包起来藏到茶瓶盖子里。佯装送水，骗过看守，把茶瓶送进关押朋友的茅屋中，这烫饭不仅让朋友渡过了难关，还让他感受到了患难中的真情。当这位干部平反后，舅爷已过世两年了，为了报恩，这位干部每年都去坟头看望老伙计，直至逝世。

稀松平常的烫饭让我感到人间的情谊。有故事的饮食才有味道，有味道的饮食才有故事，人情是故事的核心，人情是饮食的升华。

屋檐下冰挂三尺时，晨间煮一锅烫饭，扔几个山芋放锅中烫，主粮粗粮一起吃，不用小菜佐味，也会觉得香甜可口，周身俱暖后，拿笤帚去屋外扫雪。清淡的饮食，散淡的时光，造就了一段简淡有趣的生活。

盖浇饭

写了几个小时饮食文，肚子比平时要显得更饿，于是停下笔，到家门口小吃店点了一碗盖浇饭，满满一盆饭，厚厚一层菜，还附送了紫菜蛋花汤。我一边吃着一边打量四周，店里五六个人都是吃的盖浇饭，邻桌身着蓝色工装、戴着黄色安全帽的老兄尤显眼，他正闷着头吃着盖浇饭，我看他半天，他瞧也不瞧我，自顾自地沉浸于一饭一世界。

吃盖浇饭，看市井百态，这是朴素的味道，这是朴素的情怀。盖浇饭朴素，但不是光“素”——它的浇头有很多是荤素搭配。如鱼香肉丝、番茄炒鸡蛋、梅干菜烧肉、肉末豆腐、洋葱回锅肉、韭菜炒鳝丝、土豆烧牛肉。我是根据心情、胃口选着吃，盖浇饭是多彩的饮食，亦是我斑斓的人生。

盖浇饭可把菜饭搅拌起来吃，按照土语叫作“大糊大搞”；可菜、饭分放碗里，一口菜一口饭地吃，这有个专业术语叫“过桥”。前面是快餐式的吃法，后面是慢生活的吃法，快或慢，粗犷或文雅，任君选择。而盖浇饭的味道始终不变，它悄悄地挥散芳香，静静地释放美味。这美味由简洁的米饭和家常的菜构成，说朴实，却又丰盛，是寻凡日子里的清平乐。

盖浇饭是专一的，它省去了点菜的烦恼，节约了不少时间，这就等于拉长了生命的长度。人的一生，毕竟有正经事要做，有正道要走。单位曾有一小领导和我谈话，你走没走正道，自己掂量掂量。听得我一头雾水。未出几年，这位纪检出身的领导被查。我想，我和他理解的正道，不是一个概念。但吃盖浇饭，肯定不会偏离正道。

盖，是一种温暖；浇，是一种滋润。在菜肴的盖浇下，米饭得到了妥帖地对待，饭菜承载的不是肠胃的温饱，更是心灵深处的慰藉。灰暗的时光中，吃一碗至爱亲朋做的盖浇饭，失落和痛楚消减大半，阳光的味道渐渐稠厚起来。

人是铁，饭是钢。但盖浇饭绝不只是冰冷坚硬的钢，它是柔情的，能让人察觉到这世间的温暖。有年冬夜，在一食棚里，我和一帮素不相识的建筑工挤在一起吃盖浇饭，看他们喝酒猜拳，看他们谈笑风生，再看看他们粗糙坚硬的大手，饱经风霜的脸庞，我心中涌起一阵莫名的感动。他们是这个时代的伟大人物。

扬州炒饭

当扬州的地名安放在炒饭之前，这就注定了炒饭的江湖地位。

看扬州炒饭配料食材，可知它是升级版的蛋炒饭，除了米饭和鸡蛋，还可放入火腿、河虾仁、花菇、鲜笋、青豌豆、玉米、火腿、干贝、海参、木耳等，多几种食材，少几种食材，无碍大局。天南地北的食材汇聚一堂，犹如盛唐之际汇聚到扬州的文人雅士，顷刻间升华了一个地方的文化品质。

扬州炒饭一说是由隋炀帝传入扬州，这位历史上毁誉参半的帝王，尤爱扬州琼花，到扬州赏花时把他钟爱的“碎金饭”带入扬州，“碎金饭”这个名字取自形态——炒后的鸡蛋和小金块，确实很相似。还有一种说法是清代名士尹秉绶任职惠州时，与一位有个姓麦的厨师相处很融洽，伊秉绶转任扬州知府后，麦厨师随同前往，主仆两人常一起研究烹饪之术，他们从当地的浇头面中得到启发，研究出了扬州炒饭，共享“专利”成果。

历经后世一代代厨师的改良，扬州炒饭终于成为了享誉天下的名吃，在海外许多中餐馆的菜单上，也会看到“扬州炒饭”的字样，炒饭因扬州而盛，扬州因炒饭闻名。

历史上，曾出现过最贵的扬州炒饭，清中晚期时，扬州个园主人、大盐商黄至筠吃一次炒饭，要耗银50两，为什么黄至筠吃的炒饭这么贵呢？原来他家养鸡的饲料用的是人参、白术等研磨后的粉末，鸡生下的蛋成本就要1两银子了。加之炒饭所用米粒每一颗都要精挑细选，粒粒要完整无缺。在烹饪时，要用很多的鸡蛋，让米粒浸润到蛋液里，形成外黄里白的效果。

这一碗穷奢极欲的扬州炒饭，伴随着黄家的败落，成为了饮食史上的绝响。而这并没有拉开扬州炒饭和民众的距离，在市井饭食中，扬州炒饭亦有一席之地。

想起二十出头的时候，我曾在一座陌生的城市里打拼，一个寒冷的雪夜里，加班归来的途中，我在路边的简陋小店里点了一碗扬州炒饭，那饭里只有鸡蛋、胡萝卜丝和土豆丁。然而，这低配版的扬州炒饭却让我感到特别美味，看着窗外的雪花，我想到了母亲做的蛋炒饭，想到了临别时母亲期盼的眼神。添加了“乡愁”调料的扬州炒饭不仅慰藉了我的肠胃，更给我带来了身心上的温暖。

扬州炒饭做法简单，油锅内倒入打散的鸡蛋液，翻炒多下，加籼米饭，炒至均匀，再入各式食材，最后放盐、鸡精后翻炒起锅。这样的操作似乎人人可以掌握，其实不然，特别是对火候的掌握极难。一碗能让食客朝思暮想的扬州炒饭，米粒经过高温炙烤后，还要保持颗粒分明，晶莹透亮的本色；色泽上要做到五颜六色，明快柔和，让人看后充满食欲；味道上要做到咸鲜香软，炒饭中各食材的味道不能相互窜味，要泾渭分明地保持个性，同时味道上又能和谐地形成一体。

蒸煮米饭是扬州炒饭成败的关键，夹生或软黏的米饭会使口感大打折扣，因此煮饭不光要控制火候，还要考虑放水量。这使我想到了作家陆文夫小说《美食家》中朱自治的话语，他认为做一碗好汤，最最简单而又最最复杂的问题是放盐。而煮饭放多少水和煲汤放多少盐的问题都是一样难以掌握的。

扬州炒饭主料为籼米，旧日讲究的食客，会选用包有一层轻薄“红衣”的桃花籼米，现在很多店家选用个头细长的泰国香米，煮熟后晶莹白亮，炒后滋味亦妙。但蒸熟的米饭要反复搂动，挥散热气后再炒，这样的米饭不会相互粘连，且更易入味。古龙的武侠小说、周星驰《食神》中皆言炒饭可用隔夜米饭来炒，其实冷透的米饭香味尽失，这样做效果不一定理想，文艺作品情节还需现实验证。

美食作家唐鲁孙回忆说，以前他家雇厨子，要出三道考题，第一道和第二道是煨鸡汤、青椒肉丝，最后的“压轴大戏”是蛋炒饭，非要炒得“润而不腻，透不浮油，鸡蛋老嫩适中，葱花也得煸去生葱气味”才算过关。我想，现在的扬州炒饭已经达到了这个水准，因为我在扬州已多次品尝到了滋味甚好的炒饭。

食小录

藕夹子

今年的秋凉还未感受到，热意却不时来袭，好比是一个替身抢了主演的风光。有说法叫作季节不明，老天任性地开着玩笑，让秋天迟迟打不开状态。

秋非秋，不按常理出牌的季节只能如此形容。但生活总要心向灿烂，金黄的麦子，泛着紫光的茄子，圆润的苹果……这些农作物的收获让人得到不少慰藉，把目光再放到荷塘上，水面上的数株残荷，似山水画家酒后挥写的线条，参差错落，或直或弯，透着些许苍凉的味道。然有枯有荣，在它的呵护下，莲藕们于塘泥中酣睡，等待采藕人协助它们重睹天日。

洗尽铅华的莲藕整齐地绑系在一起，像是幼童的手臂，黄褐色的颜色让这种比喻显得更加贴切。莲藕们被运到蔬菜市场，在饮食男女的挑选下，各奔东西，或涌向饭店，或来到食堂，更多地是走进百姓家庭，现身碟碗，献身口舌，聊补单调饮食。

青椒藕丝、藕块炖排骨、酱汁藕条……佳藕添缘，缘当然是食缘，菜肴风情万种，口舌艳福不浅。

不嫌麻烦的，做十余只藕夹子滋味更好，“夹”是动词，夹的是肉泥，夹住的是食客的味蕾。去皮的藕切成片，厚度如两本杂志叠加在一起，特以说明的是用作比喻的杂志不是老厚老厚的发论文的收费杂志，是《读者》杂志那种。切片的藕要保持偶数，两片一组，边侧保持一丝连接，中间塞上放有葱姜末、肥瘦均匀的肉泥，轻轻一捏，肉泥填充入上下的藕孔，为防止肉泥流失，这时要裹上面糊，至油锅炸，炸到两面金黄，秋意在锅内滚滚而来。

人为制造的秋意直奔舌尖，藕夹子外层是酥香的，牙齿深入四五毫米后，会探觉到藕脆中含着滑糯，热香气透过牙缝，来回盘旋，此刻照照镜子，说不定能找出一丝黄山云海的感觉。等到牙齿触及到内核的肉泥中，就是绵软的温柔乡了。舌齿偶尔放纵片刻后，开始卖力工作，工作成果由味觉检验，肠胃验收，打心里说，这绝对是国家级的免检产品。

藕夹子也有"藕合"的别名，这名字是由衷地好，佳偶天成，和合如意。但我还是喜欢藕夹子这个名称，它比较实际，能让人牵挂。师友陶文瑜有诗句"茶缸插梅花，想你又一年"，看似简单直白，却字字珠玑。我想借来改一下来赞誉藕夹子，"藕片夹肉泥，吃你又一秋"。

油渣香，饭扫光

热烫烫的猪油渣，它的荤香味远超一般猪肉，早年饮食匮乏，孩子们等猪油渣出锅后，会用手拈一块，扔嘴里，咯嘣咯嘣地嚼食，烫着舌头也不顾，之所以熟悉这样的场景，因为这些孩子当中有我。

猪油渣是猪脂肪熬制后的产物，但是用肥肉熬油后所剩的油渣口感差，故油渣严格意义上是指板油渣、网油渣。板油是集中在猪腹肋骨部的肥膘油，光滑如凝脂，可用来切丁来做千层油糕等点心；网油是猪大肠上如网状般的油脂，依附有淋巴，吃了于身体无益，不过网油渣要比板油渣香，我们这边麻辣烫店里将网油渣用竹扦穿上，作为食材提供给食客，很受欢迎，网油渣烫后蘸酱吃极香，我想若店中贴上"网油渣有害健康"的标语，吃货依然会不屑一顾，大量取食。

不管板油渣还是网油渣，我把它们皆划为"美食"一列。小时候，我母亲在国营厂工作，我上的是厂里幼儿园，中午母亲接我去厂里吃饭，常吃到油渣烧青菜，就着爽口的青菜和丰腴的油渣，一饭盒的饭能被我一扫而光，小孩有这样的饭量，周边的大人无不啧啧称奇。

肚里缺少“油水”的岁月，油渣是让人着迷的美味，我上初中时，零用钱有一半都送到小城人民剧场门口的饺面店里，因为那里有我喜欢的小馄饨和油渣面，油渣面是阳春面上盖着几片菜叶和半个巴掌大的油渣，融合了面汤热意的油渣，软硬并存，像是得了双板斧的虎将，到了嘴里，颇有谋略的软磨硬泡，原先平淡的味觉很轻易地改弦易帜，换上荤香的行头。

家庭吃油渣，主要靠熬猪油所得，数量毕竟不多。有一次，我去菜场闲逛，竟也看到了有摊点有油渣供应，一块块油渣组成大饼状，放在竹匾中，遇到顾客想买，摊主掰上一块，按斤称售。摊主说，这是肉联厂生产罐装猪油，熬油后的余物，尽管放心购买。买回后入馔，果然品质没得话说。

进入菜系中的猪油渣不是主人公，但绝对是“金牌配角”，茶干炒油渣、白菜油渣汤、油渣烧豆腐……在火温的促成下，朴素的食材有了低调的奢华——它们暗中往油渣身边蹭了蹭。油渣还是很油润的模样，此刻的它无疑是物质文明的花絮，是画龙点睛的一笔，它金黄闪闪地点缀平凡春色，给菜肴无形中画下了“小荤”的记号。

烹制好的油渣菜铺在白米饭上，搅拌在一起，让米香荤香相互渗透，根本不需要其他菜肴，米饭很快地就能打发下肚，吃饱后，腹中、嘴里，甚至鼻孔中，都还有一丝丝荤香气。就像一篇好文章，是有余韵的，这韵味来自文中的佳句，它能绕梁低回，响在耳畔，引发念想，勾人心神。

猪油渣的“渣”指的是物质提炼或使用后的“下脚料”，这往往被视作不好之物，与差、烂、恶是联系在一起的。现在描述一个人品性败劣，会以人渣来形容，不过如果像猪油渣一样，把人渣好好改造利用，还是可行的，浪子回头金不换嘛。

兰花豆

我拎着两瓶白酒去王画家的工作室吃饭，酒是本地兰花协会定制的，据说加了从兰花中提取的香精。巧的是，王画家买的熟菜里，有兰花豆。吃着兰花豆，助长酒兴；喝着兰花酒，助添谈兴，人生得意趣、得情趣。

我喜欢兰花豆，但与其说喜欢兰花豆，不如说喜欢兰花，其香清新馥郁，甚得我爱，但我对兰花心存愧疚，去年友人送我春兰，由于我照顾不周，在开花后的两月即枯萎凋零，实在是辜负了友人的雅意。

兰花豆是蚕豆的艺名，烹饪后的蚕豆，它的形貌发生了改变，外翻的豆皮和“开嘴”的豆瓣似盛开的兰花，汪曾祺有过描述，“因为炸之前在豆嘴上剁一刀，炸后豆瓣四裂，向外翻开，形似兰花。”汪老的文字简而有力，吃兰花豆时想到这几句，豆香酒也醇，好文字，可下酒。

水发油炸，是兰花豆成长的必经步骤，水充实了它的外形，油装扮了它的衣袍，它把两种液体坚定地挽留在身体当中，那内部每一次的细微变化，似乎充满着原始的力量，坦率、激烈、热情，如凤凰涅槃般，充满着生命之花重新绽放的美丽，兰花高洁典雅的品性亦在兰

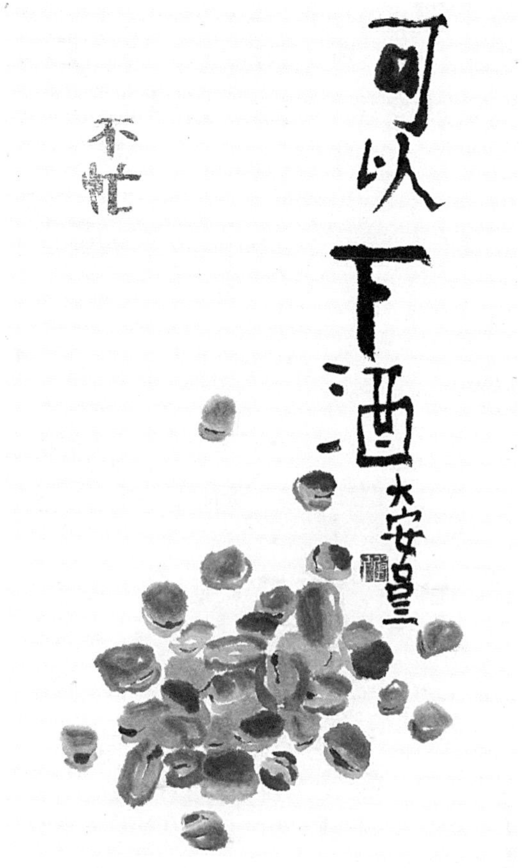

可以下酒

花豆上面有所体现。

不得不提的还有兰花豆的近亲茴香豆，它因鲁迅笔下的孔乙己而得名，我曾慕名去绍兴咸亨酒店品吃茴香豆，静坐店中，吃着茴香豆，耳畔不由想起孔乙己那“温两碗酒，要一碟茴香豆”的话语，酥软的茴香豆似浑浑噩噩做人的孔乙己，始终支撑不起孔乙己失落的灵魂。

兰花豆质地刚劲，含在嘴里有一丝油润，嚼起来，嘎嘣嘎嘣声连绵不绝，连豆皮都是酥脆的。若只听兰花豆之名，会让多情者想到翘着兰花指的妙龄女子，这是食事中的误会，有误会，生活方有姿彩。

手抓一把兰花豆，嚼上三五下，囫囵吞下，此穷相吃法不可取。最佳吃法是取一枚兰花豆入嘴，花数十秒时间，两侧牙齿齐开工，嚼成碎末咽食，此刻豆香更浓，也利消化。这让我想到了不久前看到的一则轶事，说香港影星梁朝伟在自己参演的电影上映后，会看五遍，第一次看删掉了哪些片段；第二次看自己演得怎样；第三次看别人的表演；第四次看故事架构；第五次看灯光画面等细节。电影要看透，兰花豆要吃透，同样读书也要读透，笔下才不会透支。

在即将完成这篇文字时，我突然想到在王画家工作室吃饭略有遗憾，王画家养了虎须菖蒲、金钱草、常春藤、文竹等绿植，唯独没有兰花，下次要建议他添置两盆兰花，这样以后吃兰花豆喝酒时定更加风雅。

上海双档

魔都上海，磁吸力强，引十方豪杰来此谋生。我与无锡画家老部来上海访友，一路大开眼界，大饱口福。离沪前最后一站，我随他去拜访篆刻家克俭，其工作室设在雁荡路一处地下室，时值夏日，地下相当凉爽，让我想到了浙南雁荡山的嗖嗖凉风。只是地下室手机信号较差，害得我三番两次跑到地上打电话，接到两位画画的朋友后，返回到克俭工作室聊天喝茶，聊了一个钟头后，朋友手痒，铺纸磨墨，写写画画，不知不觉，已是晚上七点。克俭说要招待简餐，大家来到地上。我看暮色笼罩的上海，华灯闪亮，车水马龙，典型的国际都市派头。

克俭带路，一行人走了十余分钟，步入一条民国建筑林立的马路，宛如走进《上海滩》中许文强的地盘，随克俭跨进路左一家小吃店，店里大部分桌椅已有客人。克俭给每人点了一份年糕排骨，吃到一半时，克俭说："双档来了"，一碗汤中，内有一只百叶包和一只油面筋果，从其饱满姿态来看，里面包有馅料，筷头扒拉打开，知是肉馅，肉馅里的米葱末青青白白，新鲜可见。一口下去，满嘴丰腴鲜香。克俭告知，"双档"又叫"鸳鸯"。我对他戏言，这"鸳鸯"不在黄浦江游水，都游到民众肚子里了。

"双档"置在清澈见底的鲜汤内，汤水暗地化解了肉馅的油腻，又把"双档"的脾性浸泡的温柔如水。肉馅看着普通，然粗细均匀，刀功是没得话说的。馅料填充在百叶包和油面筋果内，烹饪之后，热气藏在其中，鲜香之味也一并密封，但仍阻挡不了少许汤汁进入其中，生就了食物的润泽特性。先吃油面筋果，再吃百叶包，绵软、韧实在味觉轮回交替，味道一柔一刚，和谐融洽。

"双档"内肉馅以瘦肉为多，口感紧实。放在困苦岁月，肥肉价超瘦肉，穷人吃这样的"双档"，很难收获"油水"，故它只能作为闲嘴小吃。"双档"之一的油面筋果，我是熟悉的，它是与酱排骨、惠山泥人齐名的无锡特产，用油面筋果灌肉馅，家乡也有这样的吃法。

见我引出话题，克俭说“双档”的确是二十世纪二三十年代，由“老桐椿”吃食店老板、无锡人杨桐椿引入上海的。老部听了，面上顿生自豪，说到底你们吃的还是我无锡美馐。克俭正色道，这不表明了上海是个包容的城市吗？没有上海，“双档”定默默无名。我趁他们较劲之时，暗地又叫了一份“双档”，吃得汤足饭饱，心满意足。

神仙汤

汤可以是开场白，广东人饭前是要喝汤的；汤可以是谢幕戏，在我们淮扬地区，食宴尾声上桌的是主食和汤品。但若有一碗神仙汤，吃饭程序立即简化起来，配一碗米饭，空荡的胃囊仍能得到有效的填充。

缺衣少食的日子里，无菜莫慌，神仙汤定来救场。神仙汤做法极简，人人可操作，想把它做砸了还真不容易。酱油、味精、胡椒、香醋、麻油、猪油等调料加上滚开水，就是一碗热气氤氲、香气扑鼻的神仙汤。由于爱出彩的酱油占据主流，所以冲兑后的神仙汤呈红褐色，这似乎提醒神仙汤不要忘了自己的本名“酱油汤”。但人们还是喜欢叫它神仙汤，这就好比学明史的时候，我们极少叫明太祖朱重八，而是称作朱元璋。

以前在冲泡神仙汤时，倘若条件允许，我还会拍几个蒜子、切一根小米葱、抓一把榨菜丝放入汤中。同时我还会考虑“神仙”的出场位列，我往往在冲好汤后，再相继放猪油、胡椒。暖胃补肾的胡椒犹如添加到热火中的木柴，让神仙汤有了充足的暖性，在胡椒消融到汤中之时，白云般的猪油还漂浮在汤汁上，它慢慢地缩小身体，直至形成了一个大光圈，用筷子一搂，光圈分散成若干个小光圈，此时荤香味日益浓郁，闭着眼闻一口热汤，眼前似乎放着的是一碗蹄髈汤了。

在大半碗米饭中倒上神仙汤，得到神仙汤浸润的米饭，身形饱满，精神昂扬，用勺子舀着吃，一勺子三合一，饭菜汤俱有。如若想换个口味，可以在神仙汤里放两筷子下好的挂面，再加一小把青蒜花、一小撮虾皮，托神仙汤的福，挂面差不多了成了半仙。它的名字也风雅起来，叫作“阳春面”。如果在这“阳春三月”上再摆上两瓣咸蛋黄，“两个黄鹂”不仅鸣翠柳，更多的时候，是在白雪上驻足，这美好的境界是亲切的家常，是本真的生活味道。

神仙汤不只是下里巴人的吃食。在和江南的朋友聊天中，我了解到在计划经济时代，他们也吃神仙汤，只不过他们称作咸泡饭，他们是把酱油等调料用水冲兑后，和米饭一起烧开了吃，一般是晚上吃，因为有时还要加上中午的剩菜。

现在的日子不再紧巴巴了，我也很久不喝神仙汤了。写完这篇文字，我决定做一碗神仙汤，有回味的岁月才有踏实和温暖。

一碗神仙汤，就是一段过往的生活。

大杂烩

年复一年，我在家乡的除夕饭桌上一直见到大杂烩，这道年饭节宴的保留菜肴改用电热锅盛放了，开席后端上桌，吃得周身俱暖，大杂烩营造了一个温暖的氛围，一种符合年味的家的味道，它的好滋味直达心灵深处。

大杂烩里面多见猪肉皮，猪肉皮是买的南货店的，买回后需要水发而成，肉皮之前已经过晾干油炸处理，这样能延长储藏时间，但摆放太久也不好，会向外渗油，有“油喇子味”，口味经不住推敲。肉皮在南京叫作“皮肚”，赫赫有名的金陵皮肚面就是以肉皮为主打，然我却一直吃不惯。

若觉得大杂烩里放肉皮不够档次，可用鱼肚代替。杂烩的特色在于“杂”，鹌鹑蛋、竹笋、香菇、金针菇、平菇、木耳、咸肉、牛肉、鸡丝、蟹柳、鱼丸、虾球、肉圆、河虾、青菜、白菜等食材都可以选择放一些。名厨锦绣先生告诉我，他在国营饭店上班的时候，海参没现在金贵，做大杂烩还会放上海参。

大杂烩一定要以高汤炖煮。无鸡不鲜，无鸭不香，可以鸡鸭为主料吊高汤，老母鸡、老鸭配上猪筒子骨、猪蹄髈，打理干净，过水，放到盛有清水的锅中，放葱姜，大火烧开，中火熬制，数小时后，荤物成渣，汤质浓稠，汤色乳白，鲜而不腻。

把各类食材放在这高汤中小火炖煮，食材如一堆书画作品，真草隶篆的书法，还有山水画、人物画、花卉画、翎毛画、走兽画……高汤如装裱，一经美化，效果更佳。但煮到恰到好处要见些功夫，食材软硬不一，先放什么？后放什么？什么时候关火出锅？……问题是一连串的，对应着书本上的方法烹制不一定能做成，纸上谈菜只是理论，多次的失败才能换成实践的成功。

大杂烩之“大”，指的是数量之多。吃大杂烩，不会产生味觉疲劳，吃菌菇、吃圆丸、吃蔬菜、吃河鲜海味，一切自由取食，吸足了汤汁的食材有莹亮的光辉，有醇厚的香气，闻之尝之，高汤之味中，还有它们的坚定的本味，这是鲜明的个性，这是不变的本性。

我一直觉得，学习可如大杂烩，广泛涉猎，融会贯通，学得宽泛，学得透彻，这样的人，是综合性人才。就如前几日我看的《纳博科夫传记》，这位伟大的作家还集评论家、教育者、鳞翅目昆虫学家、国际象棋分析家、翻译家等身份于一身，这样的人生注定充满传奇。

大杂烩是有典故的，传说晚清大员李鸿章访美时，宴请宾客，食材不够，厨师以食材边角料混在一起煮后奉上，宾客吃了叫好，问李鸿章菜名，李中堂答非所问说道，好吃多吃。岂料英文杂烩发音与“好吃多吃”相近，从此就有了这个菜名。

数月前，我看电视节目，记者正在采访一位做着大杂烩的本地名厨，他喜气洋洋地说，这道菜我们本地人都叫作“全家福”，过年家家户户都要吃。前半句值得推敲，我从未听说过家乡把“大杂烩”称作“全家福”，这样的说法不知从何而来。

大煮干丝

乾隆下江南之际，扬州官绅为博取万岁爷的欢心，在招待的菜品上下足了功夫，“九丝汤”就是一道较为典型的佳肴。

传统文化中，九为至尊之数，足见当时官绅在菜肴命名时也颇费脑筋。“九丝汤”并非徒有虚名，它确实是由豆干丝、火腿丝、笋丝、木耳丝、蛋皮丝、鸡丝、紫菜丝、银鱼丝、口蘑丝烹调而成，要是少上几“丝”，叫上“四丝汤”或“五丝汤”，这名字听上去就显得拗口。若没有九“丝”，还是叫“九丝汤”，那就是“欺君之罪”了，不但乌纱帽不保，人头也要落地，当时的官员在这一点上是拎得清的。

二百多年后，改良版的九丝汤以“大煮干丝”的名字流行苏中一带，俗雅兼济的名字中，主料干丝占据半壁江山，前面“大”字甚得民心，串联之“煮”字是极具中国特色的烹饪方法，点缀其中，名字立意独特鲜明。

干丝大煮之前，先要手切成丝，一块厚约1厘米的白豆腐干，先剖成近二十片的薄片，再切成状如火柴棒的细丝，这靠的是手头的技术，我仔细观察一位切干丝师傅的手，指掌间有不少老茧，更让人感到不可思议的是，他所用菜刀已凹下去一大块，整个宽处长度不会超过小孩小指的长度，和他聊天中得知，这把菜刀是他学徒时发放的，用钝了就磨，前后已使用了二十多年了。

干丝成形后，要用滚开水烫泡，一来是消除豆泔味，二来是让干丝变得软硬适度，烫好的干丝沥干水分，配上各种食材，上锅用鸡汤煮，经过高温，食物的精华味道过渡到干丝当中，它的食用价值在无形中增加。

当代人思维开阔，大煮干丝里的食材并无统一格式，除了菌菇之外，通常的会放上几颗小青菜、三五片肴肉、七八只河虾、一把切的细细的榨菜丝，像早年“九丝汤”里的紫菜丝、银鱼丝、蛋皮丝已经很少再放了。

会吃者在大煮干丝端上桌后，会撒上少许胡椒粉，去除汤中的油腥，有了胡椒粉加盟的大煮干丝，汤汁中多了一点辛辣，含着汤汁慢慢地下咽后，会感到舌面上有轻微的酥麻感，这种感觉能刺激味蕾全面地感受美食的品性。

高档一点的，可以在大煮干丝里泡脆鳝吃，脆鳝是选肥嫩的鲜活鳝鱼取骨存肉，切至牙签长度，用细盐等调料腌制，用水淀粉上浆后油炸而成。待脆鳝冷却后，将之浸泡在干丝汤汁里，吃起来绵软和酥松相交，给口舌惊艳之感。“华人写吃第一人”唐鲁孙还记载了一种更细致的吃法，是把脆鳝用草纸压碎成末，撒在干丝中，搅拌均匀食用，别有风味。

在苏中地区，人们碰到升学升职、迁居新房、生日祝寿等大事，就会邀请上亲朋好友去茶馆吃早茶，点上一盘大煮干丝，再来几笼点心，十来碗饺子面条，大家就着茶水，吃着聊着，其乐融融，正如清代惺庵居士所作的《望江南》所形容的那样，“加料千丝堆细缕，熟铜烟袋卧长苗，烧酒水晶肴”。

咸肉滋味

网络上把青春少男称作小鲜肉，把油腻中年男称为老咸肉，咸肉比鲜肉有味，所以沧桑男人较迷人。像我这样一只脚踏入中年的男人，就很尴尬了，倘若是肉的话，不鲜不咸，大概属于腌制不到位的咸肉。

在传统的习俗，“小雪腌菜，大雪腌肉”，腌制的咸菜是平常吃的，腌制的肉是过年吃的。过年吃肉，吃肉过年是约定俗成的事情，在以前物资紧缺的时候，这样的事情更为重要。过年时如吃不到咸肉就觉得缺少了一点什么，这个年过得也很寡淡。精打细算的人家，每次炒菜，把咸肉切成小丁或细丝放一些，这样接连几个月都是很滋润的生活。

咸肉已从生活中的贵客悄然变为了生活中的常客。一年四季，家庭的餐桌上、饭店的菜单上，多多少少会有几道和咸肉搭边的菜肴，咸肉蒸笋子、咸肉慈姑片、咸肉烧河蚌、咸肉豆腐汤……有一次，和一位八十多岁的“老”朋友一起吃饭，席间有蒸咸肉，他牙齿掉了大

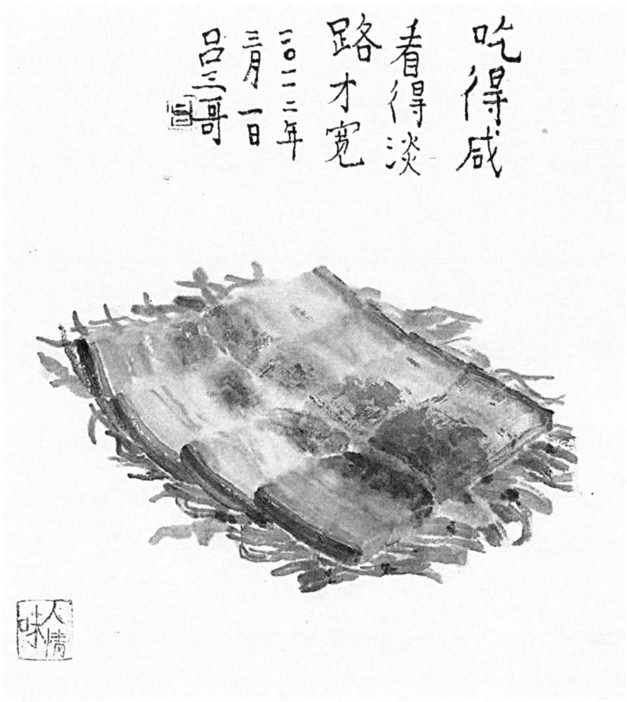

咸肉图

半，专挑略肥一些的咸肉慢慢消磨，吃了几片后，他和我笑着说，光闻闻这个咸香味也是很满足的。这个味道，可能是亲情味、年味，或是其他幸福的滋味。

在冷冻保鲜技术还未出现的古代，咸肉使肉品的保存时间得到充分延长，古文中的“脩”这个字，指的就是风干咸肉一类的制品，古时学生交给老师的学费，叫作“束脩”，就是扎成一捆的干肉。能够换取知识的肉，让人不瘦，使人不俗。

各地的咸肉有各地的做法。我们这边的咸肉很多以粗盐腌制，放在陶罐里一段时间后，再取出用细麻绳穿起来，挂到露天处风吹，随着肉内水分的挥散，肉块干得像石头一样，表面凝结出晶亮的盐霜。湖南的彭姐给我带过一块咸肉，外表黝黑，蒸熟后切开，内里晶莹剔透，有厚重的松柏香味，这样的咸肉要经历烟熏火燎的工序。

我记得看过一篇文章，说山东武梁祠汉画像石上有屋檐下悬挂咸肉等腌腊货的图案，如此说来，两千多年过去了，我们还保存着这样的传统，这样的滋味。当很多传统建筑、传统手艺在消失了或濒临消失的时候，我们无可奈何，我们胡乱补救。而唯独我们的口舌却有一种原汁原味的传承，这要是换到其他传统文化保护方面，该是多么幸运的事啊。

我的医生朋友卫东说咸肉里含有硝酸盐、亚硝酸盐，对人的身体无益。某次，约他吃饭，我将作家古清生寄赠的神农架咸肉炒了上桌，他很快吃掉了大半，这让我立即想到了一个旧词语——口头革命派。

啤酒鸭

啤酒鸭是烹饪中“洋为中用”的典型范例，作为舶来品的啤酒，竟可以成为烹饪中国鸭的调料，这大概是发明啤酒的古苏美尔人也没有想到的。

用酒做鸭在中国有光荣历史，《红楼梦》里录有酒酿清蒸鸭子；《金瓶梅》里写过糟鸭。但这两道菜远不如啤酒鸭名头响，它们虽然沾了名著的光，但只是被轻描淡写地一笔带过。

老鸭愈老愈醇厚，有滋补功效，故多数鸭肴以肥美的老鸭烹制，《儒林外史》里胡三公子为名士筹办雅集，到店铺买鸭子时，恐怕鸭子不肥，就拔下耳挖来戳戳脯子上肉厚。而做啤酒鸭，有异寻常，所选为生长期100多天，重量四斤左右的鲜活仔鸭。

宰杀去毛的仔鸭，洗净后，剁成块，以盐、面粉、料酒抓匀，静置五分钟，再泡入温水中，滤去血水，片刻后，捞出沥干，入油锅配葱结、姜片、小红椒、八角、香叶、桂皮翻炒，等鸭肉变白，倒入啤酒，使鸭块没入啤酒当中，烧开，去表层浮沫。放老抽、生抽、盐、糖。盖上锅盖，大火烧开，小火焖煮一会儿，加适量开水，再焖煮，最后见汤汁不多后，开大火，添胡椒、酒香醋，不停翻炒，使之收汁。

起锅装盘的啤酒鸭被黏稠的汤汁包裹着，红中有亮，夺目耀眼，像是足球场上裁判出示的红牌，即使是在很远的观众席上也能看到。在啤酒鸭亮出美味“红牌”的同时，鸭肉的荤香气和啤酒的麦香味袅袅上升。啤酒表面上给鸭肉添香，内里却让鸭肉更加鲜嫩。夹起一鸭腿，筷子往下一撸，骨肉立即分离，一阵浓烈的热香从肉中飘散出来，连皮带肉咀嚼，软糯咸甜中，不断有清新的油汁渗出，与唾液混为一体，助推了味蕾之花一轮一轮地绽放。

啤酒鸭好吃，但打理是个麻烦事，虽然如今菜场上有帮助杀鸡宰鸭煺毛的摊点，但像我母亲这样的长辈，每次做啤酒鸭，总是买活鸭回来自己打理，按老人家的话说，这样新鲜气才不会跑掉。

一次，朋友胡厨邀约我和几位朋友去他家晚餐，电话里说准备了“啤酒鸭”，唯有朋友小黑没有去，后来朋友们相聚，我们眉飞色舞地谈到那天啤酒鸭多么好吃，小黑感到惊讶，说那天中午喝得头昏眼花，听岔了音，以为胡厨说晚上喝“啤酒呀”，就推了。旋即他面露悔色，一瞬间，仿佛错失了彩票的头奖。

麻辣鹅

城西有一卖麻辣鹅的摊位很有名。卤过的整鹅切块，倒入不锈钢小面盆，搁上花生米、香菜、芝麻、蒜泥，接着浇上秘制辣油，反复颠拌几下，在此过程中，浓香不断扩散，即便是站在马路的斜对面，也能闻到。

麻辣鹅出现在我所在的城市已有三十年了，卖麻辣鹅者，多为川人。麻辣鹅出自巴蜀，但在外飘荡的麻辣鹅显然不是严格意义上的川菜，它在传播的过程中，吸收了本土卤菜的特色，更好地深入人胃。

李笠翁《闲情偶寄》说鹅“之肉无他长，取其肥且甘而已矣。肥始能甘，不肥则同于嚼蜡”。这段话要是传到一位做麻辣鹅的高手耳中，大概他会发出轻蔑一笑，因为在他眼中，麻辣鹅的肥瘦部分皆好吃，如鹅的颈脖，薄薄的一圈嫩鹅皮，里面是包着骨头的瘦肉，不老不柴，还带有一丝韧劲。

麻辣鹅好吃，在于它的幕后部分内容远超台前的演绎。卤制光鹅和调制辣油是个很费精力的过程，很多手法是制作者慢慢摸索出来的。要想满足大众挑剔的味蕾，真不是容易的事情。有一次，我去城西买麻辣鹅，看着香味扑鼻的鹅肉，忍不住现场拿起一块吃了起来，但觉得味道上欠缺了一些，就问老板什么缘故，老板脸上一红，忙掏出香烟打招呼，坦言老婆回老家了，这几天卤鹅的活计全交给小舅子了。

术业有专攻，这话掺不得一点水分。同样的食材，同样的做法，却不一定产生同样的好味。包括麻辣鹅在内的各种高人气民间饮食背后，都有高手的用心打理，心放在上面，久而久之，就会有含有真情的味道，回头客自然就多了起来。

充分吸收卤料的鹅肉经过各式辅料调料的亲密接触，宛如海绵遇水，内质变得鲜活而饱满，而从外观却是看不出的，等到分解后，辅料一放，佐料一拌，它才会释放出沉眠多时的鲜美，它们在舌尖上尽情地跳动着，热烈、刺激、直率、兴奋，这是奔放而自由的味蕾之舞。

首当其冲的是辣味，辣是痛觉，然而麻辣鹅带来的是“痛并快乐着”的感觉，“痛”和“快乐”相互依存着，让人欲罢不能。除了彰显在麻辣鹅名称里的“麻辣”，麻辣鹅还会释放咸甜之味，多元化的味道进入口舌，进入肠胃，升华到脑海里，暗自地盛开出舒心的“海上花”，它随着情愫荡漾着快乐，给生命留下了一个深刻的回味。

那一天和沈老记聊美食，我提到城西的麻辣鹅，他说经常会劈上半爿带回去下酒，每次他都会让老板多放些辣油，吃完鹅肉再用这辣油泡饭或下面，真是特别爽。我看着他满脸惬意的表情，心想，爱屋及乌也是品食的一大境界啊。

凤凰蛋

孵化未成形的鸡胚胎在我们这里叫作“凤凰蛋”，这大概和我们这座城市地形上像凤凰、被称作“凤城”有点关系。凤凰是神禽，它是古人根据鸡的形象演变出来的，将半鸡半蛋的鸡蛋称为“凤凰蛋”也是有几分影子的。

家庭很少吃凤凰蛋，宴席上倒是能见到。放置在盘中的凤凰蛋，和鸡蛋区别不大，敲开蛋壳后，能看到里面由不可辨认的、已长出绒毛的小鸡和蛋黄蛋白、汁水组成。会吃者会敲开一点点蛋壳，用嘴先吸营养充足的汤汁，接着剥去全部蛋壳，蘸椒盐吃，若再配上一壶老酒，真是有汤有肉有蛋有酒，绝对的饮食高配置。

凤凰蛋来源于专门的炕房，孵化小鸡是炕房的主营业务，凤凰蛋和毛鸡蛋属于兼营业务，凤凰蛋为孵化十来天后，中止孵化的鸡蛋，毛鸡蛋是母鸡下孵化不出来的“死胎”鸡蛋，两者极容易张冠李戴。

凤凰蛋是具有争议的吃食，爱者觉得它味美，不喜者觉得吃它残忍。有人说它是大补，还有人说它含有病菌。说法林林总总，但从古至今，它却依然存在了下来，有说乾隆下江南时吃过它，这当是人们杜撰的传说，和乾隆有关的食物不下百种，若都是真的话，天子的胃恐怕忙不过来。

吃凤凰蛋最火的城市还属南京，它在南京被叫作“活珠子”，我在南京夜晚的街头，看过有老太摆摊卖活珠子，煤炭炉上，置放着一只不锈钢的面盆，里面全是水煮的活珠子。时尚男女不顾吃相，买上三五个凤凰蛋，蘸点老太附送的椒盐、辣椒粉，几乎一口一个。据文史学者考证，清代咸丰年间南京街头就有这样的摊子了。现在这样的摊子比以前少了，但外卖的活珠子业务又兴起来了。

我吃过最好吃的凤凰蛋并非水煮，而是搭上五花肉红烧的。老抽的酱汁晕染到凤凰蛋上，肉的油脂融入到凤凰蛋上，凤凰蛋有了凝重的色彩和醇厚的味道，像是有财又有才的单身贵族男，置身在肉块中的它们，显得卓尔不群，食客不约而同地将它们招揽筷下。

凤凰蛋，我仅吃过七八次。鸡蛋，我吃了应有万次了。有一次在寺庙吃素斋，我竟吃到了番茄炒鸡蛋，我后来了解到，僧人可以吃诞生不出小鸡的鸡蛋（其实市场上大部分是这样的鸡蛋），受精的鸡蛋及凤凰蛋、毛鸡蛋属他们的饮食禁忌物。这些条条框框让僧人的生活显得愈加清苦。

文思豆腐

“吃豆腐”有男人占女人便宜的含义。不过要是男女一起吃文思豆腐，多是你情我愿的事情了。

豆腐已经持续2100多年在国人的餐桌上出现了，这种由淮南王刘安发明的豆制品，在神州各地广泛传播，衍生出各种美食佳肴，扬州文思豆腐就是其中著名的豆腐菜。

提到豆腐菜，有名者还有川菜中的麻婆豆腐，因是清同治年间成都陈麻婆研创，故名。文思豆腐名同样是与名号有关，它是由清乾隆年间僧人文思和尚创制，文思乃扬州天宁寺僧人，清学人李斗《扬州画舫录》中载，“文思字熙甫，工诗，善识人，有鉴虚、惠明之风，一时乡贤寓公皆与之友。又善为豆腐羹、甜浆粥，至今效其法者，谓之文思豆腐。”

不多的人物介绍，写意地勾勒出诗僧文思的形象，按照他的身份，文思豆腐可算是文人菜、佛教菜，它同样还可称作宫廷菜，当年乾隆下江南时，在扬州品尝到了文思豆腐，这一吃，就吃上了瘾，返回京城后，他下令御厨按照扬州的材料和工艺烹制文思豆腐，并将之列为御膳菜品，顷刻间，文思豆腐似乎成为出自平民家庭、嫁入豪门的女子了，但可贵的是，文思豆腐并没有就此在民间消失，它依然时不时出现在民众的嘴边。

文思豆腐要取卤水点的豆腐，其菜妙在刀功，一块吹弹即破的豆腐，切成数百根宛如头发、长短粗细均匀的细丝，其难度可想而知，稍有不注意，豆腐就破损成渣了，这样的工艺让我推测认为，深谙此道的文思和尚和金庸《天龙八部》里功夫深不可测的扫地僧一样，是一位隐居的武林高手，他巧妙地把武学技艺转到了烹饪之道上。

在扬州盐商童岳荐的《调鼎集》上，文思豆腐被写作“文师什锦豆腐羹”。这个名称表明文思豆腐属于羹汤一类，“什锦”显示它不是靠豆腐丝“单打独斗”的，它里面还有火腿丝、香菇丝、青菜丝、鸡丝、冬笋丝等。丝丝缕缕团聚在一起，鲜美指数加倍增长。

高汤在文思豆腐中的作用不可忽视。浓缩了荤物精华，文火炖煮的高汤，张开宽广的胸怀，豆腐丝和其他食材先后与它拥抱，最终，在翻着泡泡的汤水中，盛开了五颜六色的菊花，但开得最盛的，是素雅的白菊，纵然环境更迭，它仍是洁净如初。

我多次去扬州品尝文思豆腐，它给我留下了清醇鲜香的印象。刚烹制好的文思豆腐汤汁有些黏稠，趁热轻啖一口，顽皮的豆腐丝似小银鱼在嘴中游走，把一阵阵暖意传递至体内。一旁的舌齿早已按捺不住，启动了起来，舌头对付起软滑的豆腐丝一点也不费劲，口蘑、火腿、青菜等配物则交给牙齿搞定。双管齐下，丝毫没有暴力色彩，鼻腔中缓缓生出无限的香意。

文思豆腐有着好寓意，每每吃它时，我都会想到“文思泉涌”这个成语，好像多吃文思豆腐，就会达到文笔精妙的境界，但我明白，这只能是一种寄托，一切都要靠自我的勤奋修炼，就像当年发明人文思一样，倘若没有苦练出这手精细的切豆腐刀功，这文思豆腐何以吊住他人胃口？又何以流传后世而不衰？

冻豆腐

豆腐分嫩豆腐和老豆腐两种。

石膏水或盐卤点豆腐，点少了就是嫩豆腐，点多了就是老豆腐。嫩豆腐雪白娇柔，稍有不慎，就成了“豆腐渣”，嫩豆腐虽不是天生老相，但后天可生成出老脸皮厚，把它在冷环境里冻一冻，它就是老豆腐了，当然更多的人还是愿意叫它冻豆腐。

冻豆腐以前多在上冻的时候吃，寒天里，把几块豆腐放淘篓里，到室外放上一夜，取回的豆腐坚硬如冰，化冻后，挤去水分，即可烹制入菜。我以前上学时，有一次食堂有红烧冻豆腐，吃后，令我大失所望，盖因冻豆腐中水分未去，吃起来会有带着豆腥味的汁水渗出。差饮食和好饮食一样能让人留下深刻印象。

冻过的豆腐，颜色变黄了，掰开后，它内部是蜂窝状的质态，上下还有了层次感。如今冻豆腐四季能吃到，想吃时，可买上几块，放冰箱里冻上。若还嫌费事，网上直接下单。但感觉吃这样的冻豆腐如同吃温棚里的反季节蔬菜，少了水到渠成的惊喜。

捉襟见肘的日子里，冻豆腐烧肉是我期盼的美味。猪肉的加盟，

简单好

让冻豆腐显得很出彩，它一股脑地吸纳肉汤汁，仿若入赘地主家的女婿，急匆匆地要掌握财政大权。而原先的红烧肉，还是肥滋滋的模样，但肉中的油腻却消失了很多，它不动声色地请冻豆腐帮着完成了财富转移。

冻豆腐的优点，正在于能够融入、吸收和弘扬食物的味道。清人王培荀《听雨楼随笔》说它“无腐相，亦无腐气，得味外味焉”，所评一语中的。

我粗略算了一下，可用冻豆腐做的菜，不下百种，但冻豆腐炖青菜粉丝汤还是值得推荐的冬令菜，冻豆腐和打过霜的青菜一起煮汤，汤开后，加一把龙口粉丝再煮，片刻后，盛出，添少许辣椒酱，唏里呼噜吃一碗，嘴里是香的，肚里是热的，心里是满足的，这样的日子，朴素踏实，大有汪曾祺所言“家人闲坐，灯火可亲”的意境。

我把冻豆腐拿来作为写文章的素材，厨师把冻豆腐取来作为烧菜的食材，这说明冻豆腐能跟各式各样的人打成一片。换作是人的话，有着这样好人缘的朋友不论贵贱，都值得交往。

酱方

我想，从八大菜系中苏菜、浙菜里面择选出松鼠鳜鱼、龙井虾仁、响油鳝糊、酱方等菜品，完全可以组成江南菜系。江南的厚重文化土壤，成就了江南菜的人文特质，它在饮食江湖当中完全有自立门户的底气。

出于对江南菜的喜爱，朋友老胡开设了江南文化主题餐厅，餐厅头牌菜当属酱方，由于老胡聘请的是姑苏师傅，所以酱方口味地道，与我在苏州所吃的毫无二致。能在江北之地吃到这道江南美馐，是老饕的福缘。

酱方为肉菜，但菜名上，却看不出一丝荤腥。我第一次看到菜单上的酱方时，以为它是腐乳的一种。后知“酱方”是浓油赤酱大块方肉的简称。具有迷惑性的菜名，说明了苏州人性格里的内敛和谦和。

肥瘦合宜的带皮带骨五花肉（一般取自肋条肉），打理干净，用火枪先烤猪皮，等猪皮呈现出淡淡的黄黑色，中止火烤程序，用刀把黄黑部分刮去，清洗，以盐等腌制，配香料焯水，取出，划十字花刀。肉皮朝下，放置竹网兜上，搁到砂锅中，垫姜片、葱结，浇上老卤、水、老抽、料酒、南乳汁等熬制的酱汁，用盘子盖在肉上，不但免于焖煮时肉质分散，同时也更能入味。经数小时文火慢炖后，去骨，连肉带酱汁装盘，加一些老冰糖，再入笼蒸，一小时左右的时间，酱方就大大方方地亮相了。

烹制酱方有不可忽略的细节，如烤猪皮步骤不仅可去除皮上的腥味，也使它的口感更好；再如先不去骨头是使肉香不被消散。盛放在瓷盘里的酱方，四角悬垂，中间饱满且有隆起的弧度，像是一座建设得中规中矩的小型场馆。在服务员将它端上桌的初段时间，酱方在轻微地颤动着，在这频率不是很高的活动中，飘散着鲜香的气息。肉皮和肥瘦肉一起仿若组成了雪后西伯利亚的土地，冰封雪盖的地表下，蕴藏着财富的透亮冻土。

酱方经过筷子的过渡，从盘中来到口中，牙齿穿透过些许韧性的肉皮，酥烂和丰腴的口感接踵而至，这是介于果冻的滑爽和酸奶的绵软之间的感觉，咸甜交织在一起构成的奇香让牙齿放缓了运动节奏，和舌头一起回味这种妙处，但由于肉皮下脂肪部分已经乳化至嫩豆腐的质感，所以齿尖已不费力气地触及到瘦肉部分，恰逢其时出现的猪肉纤维去除了味觉体系中的油滑概念。当酱方入腹，喝一口茶或酒后，口中仍有余香，这香从江南土地悠悠而出，显现出农耕文明中的饮食情趣。

酱方并不孤独地存在，入盘后，苏州人或以小青菜围边，或以草头铺设，多了彩头后，自然味道也就加分不少。老胡另辟蹊跷，以整张鲜荷叶垫底，这是江南水乡的隐喻，使得身处异乡的酱方更家乡，也更加香。

荡气回肠

近来爱吃猪大肠的人多了起来，以致价格上扬，害的我这爱吃之人平日里很少吃它，偶尔吃上几次却觉得味道更胜从前，真是应了“少食多香味”的俗语。

大肠绵韧，吃在嘴里，滑嫩而富有弹性，即使嚼后，特有的油香气仍会在唇齿间回荡，故以为，大肠由此也可叫作“荡气回肠”吧。一次馋大肠吃，我到熟食摊上称了一斤卤大肠，又在饭店里点了大肠汤，一碗佐酒，一碗下饭。

若笼统地分，大肠有下水的名称；以性质来分，大肠有肥肠的名字；按部位区分，大肠有圈子的别名；按形状分，我觉得它是可食用的、没有充气的自行车内胎，除了颜色外，两者有些相似度。

大肠有世俗情趣，它是一些古典小说里的道具。《水浒》里鲁智深拳打镇关西，之前找茬有让镇关西切大肠臊子；《儒林外史》里范进得中相公后，他那吝啬的丈人胡屠户拿着一副大肠和一瓶酒来庆贺；《金瓶梅》里西门庆、潘金莲等人围坐在棬棚内吃饭，吃的菜里面有酿肠。同样的大肠，不同的人物，不同的情节，构成了丰富的故事。

前些时陪老母去菜市场买菜，行走到一肉摊前，我看摊上卖猪牛肉，戴着眼镜的摊主看上去高高瘦瘦，斯斯文文，正在用力地剁肉。旁边放置一黑板，上用楷书写着“今天供应猪大肠”，我看着蛮有意思，心中竟生出一句应对：明日停售牛小肚。

大肠难打理，打理不好，会留有骚腥气，光闻上去就会倒胃口。我母亲是个打理大肠的高手，她运用醋泡，盐抹，生粉搓等方式，把大肠打理得干干净净。以后倘若有主妇资格证书考试的话，我觉得可以把打理大肠纳入考题。

打理好的生大肠菜市场、超市都有得卖，但我很少买，因为那些大肠内壁的油脂都去掉了，我以为这样影响了口感，有油脂的大肠才是有灵魂的食材，才有那丰腴香肥的味道。

我不会打理大肠，只会煮大肠。锅内放大肠，加上花椒、八角等香料，倒入水，小火慢慢地煮，煮到用筷子可以穿透关火，煮得太久的大肠失去咬嚼劲，软烂如棉花，似扶不起的阿斗，让你怎么也提升不了牙齿的斗志。煮好的大肠可切段配青椒、洋葱炒，也可直接蘸香醋、辣椒酱、蒜花调成的作料吃，这种纯粹的吃法很过瘾。

古今有大厨，各地有高厨，他们绞尽脑汁烹制出不少大肠菜肴，民国川菜大师黄敬临研创出“软炸扳指”，为画家张大千等名流所喜。此菜因酷似满人射箭时套于右手拇指上的扳指而得名，其选用大肠肠头，洗净后以葱姜、料酒、花椒等腌制，随后再入笼蒸、入锅炸，菜成后色泽金黄，外酥内嫩，香软适口，吃时以糖醋汁蘸食，风味独特。

菜根谈

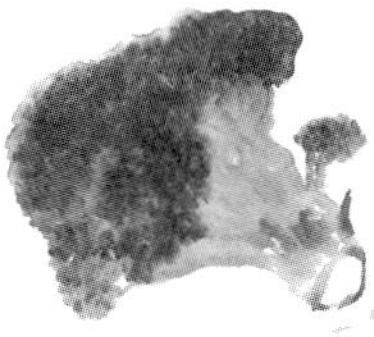

豇豆随谈

厨房里放着一扎豇豆，远望像是绿色的发辫。世上有黑色的头发，金色的头发，棕色的头发，白色的头发，绿色的头发也有——这是时尚青年染发后的颜色，色深而炫目。豇豆的绿则是天然生成，色淡些，但耐看。

豇豆还叫作带豆，按形取的名字。豇豆细细长长如腰带，饮食男女可以系绿腰带，却不喜戴绿帽子，前几日，我看到网上有一款畅销的奢侈品牌爱马仕绿腰带，标价近七千元，这价格能买一卡车豇豆了。

豇豆夏天上市，用之烧肉是常见做法，不过外面和家里还有些区别，家里配肉块为多，外面配肉片为主，这可以理解，毕竟人家要考虑运营成本。我以前在郊区一家公司上班，中午吃食堂。吃过多次豇豆炒肉片，有位师傅一到打饭时，就会犯“手抖病”，每打一勺子菜，都要习惯性抖两下，这样勺子里的肉片又悄然落到食盘。本来豇豆烧肉里肉片就不多，经他一运作，肉片更是稀疏可怜，后经领导教育，他的“手抖病”不治而愈。不久前，我还在公园看到这位师傅在遛鸟，手捧鸟笼，四平八稳，笼中画眉声音清脆。

反季节在家里也能吃到豇豆，我说的不是大棚产物，是豇豆干。好几次，在夏天豇豆价贱的时候，母亲会多买一些，把豇豆焯水后，晒干贮藏，到了冬日，取来和切块的风干肉同烧，浓油赤酱的浸润，让豇豆和肉的颜色混为一体，显“褐”一时。粗略地看，仿佛有肉丝烧肉块的错觉。一筷一筷地夹着下饭，腊香和脂香顺着筷头传到了嘴头，香润了整个餐桌。

川人嗜辣，近来酸辣豇豆随着“辣味”散遍各地。家门口有一四川中年妇人所开面馆，凡光临者均赠一小碟酸辣豇豆，豇豆切成钢笔头大小，色泽泛黄，酸味大于辣味，很对胃口。店主说小菜根据本地人口味略作改良，真是有心之人。

好几次在饭店，我吃到豇豆菜配窝窝头，这是北方传来的吃食。豇豆切丁，与肉末、椒丝一起炒香，包在土黄色的窝窝头内膛，红绿褐黄，似沙漠改良变身的绿洲，一盘繁荣，满眼春光，筷未动，心已动。

豇豆还有红色品种，红豇豆比绿豇豆短一些，土话称作“七寸角儿”，乡间种植不多。不过清代有一种和其颜色相仿的“豇豆红”单色釉瓷器很名贵。我在故宫见过一只豇豆红笔洗，其釉质莹润，色彩淡雅，依稀记得，底有“大清康熙年制”的款识。

花菜

徐州朋友说的“菜花”，我初以为是春天遍野的油菜花，后来方知道是我爱吃的“花菜”。“菜花”之名偏于尝食，“花菜”之名偏于欣赏，我地和徐州同处一省，但对同一蔬菜叫法却有区别，这是值得研究的话题。

花菜本生长于地中海东岸，19世纪中叶，差不多是数万中国劳工前往美洲“淘金”的时候，花菜来到中国，先是在沿海地区落户，后遍植各地，从地中海气候到亚热带季风气候，天气、水土都有了变化，但花菜还是和大洋彼岸的中国劳工一样，很好在异国他乡安定了下来。

花菜的形态，仿若一只充满力量的拳击手套，它的“花”很坚硬，呈粉白色，无柔媚之态，无芬芳之味。如果非要认为它是“花”的话，它就好比是穿上戎装、始终没有退伍迹象的花木兰，看上去比男儿还要男儿，充满铁骨铮铮的风度。“铁骨”一词形容梅花较多，我知道一位号称“梅花王”的画家，他就喜欢在画作旁题上“铁骨梅花”的款字，但画的梅花总柔弱得比小乔还要小乔，这般姿态，自然要让我小瞧。

“花”是花菜的主要食用部分，可以不用菜刀，把它的“花朵”一块一块地掰下来入菜，最后剩下来的花菜根梗，像是寒风洗礼后的矮树，仅根部残留着三两片没精打采的绿叶，这“矮树”主干很粗壮，肉质也坚硬，故家庭不会拿来做菜，有一次，我在一家大酒店吃到了一道味道有点接近酸笋的凉菜，一问，才知道主料是花菜根梗，这是几乎没有成本的菜肴。

分散成若干小“花”的花菜要先用盐水泡，泡掉“花”内的细缝里的虫子和其他杂质。虫子寄居其内，看似讨嫌，实则表明花菜“绿色”成色之足。泡后的花菜还需用水焯，热水减去了花菜的苦涩，软化了花菜的质地。这两个步骤属于前期的功课，要是省略，难免失了营养，少了滋味。烹饪如同打拼事业，细节决定成败。

荤烧比素烧的花菜好吃，荤烧多配肉片，但我地多数饭店的菜单上，肉片成了“无名英雄”，往往这道菜叫作“手撕花菜”或“干锅花菜”，“手撕”取自择菜方法；“干锅”是根据烹饪手法定名，花菜、肉片炒至八成熟，放在下面置放酒精炉的小铁锅内，锅炉一起上桌。蓝色的火苗在锅底蹿动，锅内菜肴的汤汁逐渐耗干，“干锅”一名缓缓到来。看来饮食的乐趣重在过程，吃在嘴里的，有食材的前世风采，有食材由生涩到成熟的蜕变。

现在还记得幼时，家门口临河的菜市场，有农人运着近乎一船的花菜在河边售卖的场景。那花菜个头很大，饱满且紧致，与现在标榜“有机”的青梗松花菜有很大不同。

藕心菜

我在江南多次吃过藕心菜，现在在江北也吃到藕心菜，物流的发达，让藕心菜来到我的身边，江南的风光随之也跃入眼前。

江南好，1200多年前的白居易已在诗中表述过。江南有美景美人美食，藕心菜白亮光洁，如养眼的美景；藕心菜清新娇嫩，似赏心的美人；藕心菜鲜脆爽口，是可口的美食。藕心菜浓缩了江南的气质。

藕心菜并不为江南独享，有莲藕的地方，就有藕心菜，藕心菜是莲藕发芽后初生的根茎，故有人认为吃它是暴殄天物，这也造成了它不太为人熟知。某次，我和一外地朋友提到“藕心菜”，他不解其意，以为我所言是“恶心菜”，认为我有挑食的毛病。

在反季节蔬菜大行其道的今天，“不时不食”似乎已成空谈，而藕心菜却固守着自己的矜持，它萌发于夏季，属于水蔬低调地在淤泥中生长，出水洗净后，便露出白里泛黄的肤色，它整体是修长的，细如小指，大多有一些弯度，一侧带有尖头，似乎如武林高手使用多次、有些变形的毛笔。掰开后，会发现它内里也有和藕一样的圆孔，藕心菜可算是乳猪版的莲藕。因之藕心菜有别名藕带，故还可称作荷塘版的海带吧。

藕心菜做法很多，最普遍的是清炒，切成小段的藕心菜，拌以青

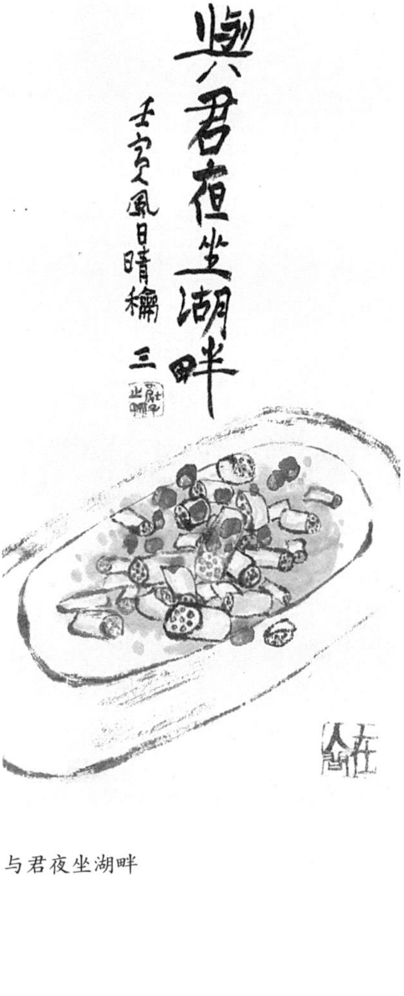

与君夜坐湖畔

红椒丝清炒。炒藕心菜宜用猪油，这样能彰显其香味，当然也能彰显其色感，猪油给所有食材增添了水润，雨露润泽后的花圃内，红牡丹、绿玫瑰、白芙蓉争奇斗艳。

藕心菜是脆嫩的，咬开后，会感到汁水从中漫溢出来，这汁水有一丝微甜，甜而不腻，甜得妥帖。它在一桌的食客面前，是含情脉脉的，只有到了食客嘴里，才能流露出款款深情，它把自己的身体和灵魂托付给了舌尖，清香留齿间，让人恍惚中以为来到了月色下的荷塘。

生活处处皆方便，藕心菜也有了方便装，前几日，我又在网上买了几袋皖地所产的酸辣藕心菜，感到辣味不够，酸味有余，这一次，让我感觉是拉着山西婆姨的手在江南一日游。

锦绣南瓜

东（冬）瓜西瓜南瓜北瓜，看似四种瓜，实际只是三种瓜——北瓜也是南瓜，这是皖苏部分地区的叫法。身兼两职的南瓜相当于又打工又务农的勤劳汉子，当然也可以形容为南北吃得开的商界达人。

南瓜有圆形长形两类，圆形肉质紧密，长形肉质松散，把两种瓜放在一起，特征如金庸《鹿鼎记》中的瘦头陀、胖头陀。有胖才会瘦，有瘦才会胖，这是人类。南瓜长圆胖瘦天生定，所以做人更要变通。

我喜圆南瓜胜于长南瓜，我爱橘色南瓜盖过青色南瓜。圆南瓜有福相，橘色南瓜有喜色，综合一处，我所喜爱的就是橘色的圆南瓜，这样的南瓜饱满圆润，外表清爽，打开它的内心，是一片金亮，我给它定名为“锦绣南瓜”，念叨着这个名字，我突然想起友人锦南，她面如满月，眉清目秀，举止投足间尽显温婉端庄，是一位有灵性的女子。

南瓜的女性气息，还在于它的甜，切成小片，熬粥时放入，高温促发南瓜化肉为泥，融进粥中，粥面遂有了金色的光辉，米粒骨子里是不想被同化的，这样的纠结让它呈现出奶黄之色。粥里面生出了一些甜味，甜得不发嗲，甜的很妥帖。要是熬粥所用的是小米，就是“双黄粥”了，其可与双黄蛋搭配，却不可与炒作过头的双黄连口服液佐餐，药食同宗同源，但非同时进口之物。

粮食凭票供应的时代，南瓜粥好像是网红电影的主题曲；现在南瓜粥和南瓜饼归于点心小吃，差不多就是冷门电视剧的片尾曲了。有时候我连这“片尾曲”也省略了，直接把南瓜切成大块小块，和山芋一起搁饭锅上，饭熟了，瓜芋也熟了，在物质丰裕的今天，这样的吃法简单粗暴，仿佛就是无从配曲的三流诗作，成为歌词没有可能，但勉勉强强可以称为打油诗，围着柴米油盐转换的老百姓却需要这样的“打油诗”。

乡人把个头大的南瓜称作番瓜，家乡有一地名叫“番瓜嘴”，我听老人讲过这个地名故事，某年发大水，一农人靠攀爬上一棵大树，才未被洪流冲走，他栖身树上，饥饿难耐，也许命不该绝，突然间，他看到水面上有个瓜嘴蒂，捞上来一看，竟是一只圆滚滚的老南瓜，凭借这只南瓜，他生存了下来，水退后，他怀揣感恩之心，把这地方叫作“番瓜嘴”。

这样的传说，让我对南瓜刮目相看，它是瓜，是菜，是饭，是救命的粮食。

南瓜自己会救自己的命，在自然环境中生长的一些南瓜，表层有疙瘩疤痕，有的形状、纹路还与器物景象相似，这是它疗伤的证据，当瓜皮被虫子咬后，它会分泌一种液体，形成保护措施。大自然的鬼斧神工，对南瓜而言，是一种磨难。

南瓜很实用。西方万圣节，人们会掏空南瓜的瓜瓤，在南瓜上雕刻鬼怪等图案，瓜内放蜡烛，做成南瓜灯，给节日助兴。从这一现象可以看出南瓜的世界属性。

豆芽

上小学时，有一同学个矮体瘦，大家叫他“豆芽菜”。数月前，同学聚会，我见他已是个高体壮。岁月真是个魔术师，改变了一个人的形象。

人可如豆芽，但豆芽如人就不妥了。据有经验者说，又胖又高的豆芽，有不少是用含有化学成分的营养液所发的速成豆芽，食用过多会损害健康。所以不能“以貌取芽”，纤瘦的豆芽，如《巴黎圣母院》里的敲钟人卡西莫多，其貌不扬，善良靠谱。

此般拟人只是我的个人观点，放在古代，古人不会同意我的观点，在他们眼里，豆芽很美，这无可非议，古代绝少有化学添加剂，天蓝水清地净，发的豆芽自然好。明人陈嶷专门写过《豆芽菜赋》，他在里面形容豆芽“冰肌玉质”，“宛讶白龙之须，仿佛春蚕之蛰”。这一篇美文，是陈嶷考试时所作，他凭借此文一举夺魁，官拜浙江道御史。

在《豆芽菜赋》中，陈嶷还提到豆芽“物美而价轻”，是明代很亲民的食材。而在南宋，豆芽给人们带来的却不仅是口舌之美，而是赏心悦目之美，时人陈元靓《岁时广记》载，“以水渍绿豆或豌豆，日一二回易水，芽渐长，至五六寸许，其苗能自立，则置小盆中，至乞巧，可长尺许，谓之生花盆儿。”

豆芽之豆，最初来自黑豆，这是东汉《神农本草经》上记载的，这亦佐证了豆芽的悠久历史。现今的豆芽之豆，以绿豆和黄豆为主。发豆芽不难，以前我外婆在世就经常在家发豆芽，面盆里衬一层布，放入浸泡后的豆子，再盖上一层布，使之不见光，接着浇上水，每天早晚换水，五天左右豆子就变身豆芽了。外婆经常所做的是豆芽炒韭菜，条条白丝堆叠在草丛中，周边点缀着红椒丝，盘中一派春光，顺带着香气，夹食一筷到嘴里，又是脆生生的劲爽之感。

在家发豆芽的，不止我外婆，老作家刘庆邦在散文《豆芽说，要创造生活》写了用故乡的黄豆发豆芽的事情，他写到，“我宁可不吃，也不愿到市场上买黄豆芽儿。只有我用老家的黄豆和清水生出的豆芽儿，吃起来才有豆芽儿味儿，才有家乡味儿，心里才踏实。”刘老坚持不吃市面的豆芽，犹如伯夷、叔齐不食周粟，这是游子对故乡精神层面的坚守。

按我个人喜好，我偏爱于绿豆芽，相较于黄豆芽，其更为纤嫩，豆腥味也淡些。绿豆芽适合单炒，也适合做辅菜，比如水煮肉片，就可用绿豆芽陪衬，能消解油腻。近来在一高档食府看到“熘银条”的菜，不解，点菜后，方知是绿豆芽去除须根和顶部两片子叶，留中间白茎清炒而成，因其菜名大有诗意，故菜价大有水分。

秋葵

秋葵一名，引发秋天姗姗而至，金色的太阳笼罩在金色的麦田和麦田里的向日葵上，天地俱有了世俗的暖意。但我所言的秋葵不是秋天向日葵的简写，而是黄秋葵的简称。

我绕了一个弯子才说到黄秋葵，是因为黄秋葵确实很晚才出现在我的视野里，它和西蓝花、红甘蓝、芸豆等一样，是近几年才出现在本地的菜园里，物和人的适应能力很强，它很快适应了吾乡的风土气候，乡人也逐渐适应了它的味道。

秋葵给过我迷惑，我第一次吃秋葵，把它错认为是青色的羊角椒，请教他人得知是秋葵，咬开后，能看到横断面里有五个有白籽圆孔对应着中间的五角星。若把它再放大，就是一个设计简洁大方的徽章，造物主的“无心插柳”，让人浮想联翩。

后来在第二年夏末的时候，我到农庄看到种植的秋葵，有的已经结果，有的还开着蛋黄的花，花瓣内处有紫红色的斑点，中间伸出一个黄白的、似乎由颗颗粒粒组成的花蕊，花蕊上端是紫色的柱头。秋葵花香虽不浓烈，但形态风姿绰约。

自然环境成熟的秋葵，有了人造的传奇，不知何时，它有了一个“植物伟哥”的身份，说可滋补肾脏和增强阳气，男人要多吃，吃多了就会成为“威猛先生”，不仅韭菜、洋葱、山药等据说有壮阳功效的蔬菜表示不服，我对此也持怀疑态度，就像我一朋友总是病恹恹的样子，却喜吃菠菜，吃了二十多年，至今还没形成“大力水手”的身板。

鲜食的秋葵可配蒜泥酱汁做凉拌菜，可配蚝油做炒菜，可切成小片和鸡蛋同蒸，可填充进虾泥做秋葵酿虾。它的味道里带有一丝青涩，但总体是平淡无味的，烹熟后，分泌出黏糊的胶质，致使舌面变得滑润。近来秋葵除入菜外，大量被加工成菜干，口感相当酥脆，但再无黏稠感，犹如迷失自我的社会人，个性更不明显。

秋葵原产非洲，后由日本人引进，清末时，留学生从岛国带回至中土，因其形象，它在湖南等地被称为洋辣椒，但没有辣度的它只能算是山寨版的辣椒。

芋到好缘

菜上齐后，服务员又给我们端来一只砂锅，里面是散发热香气的芋头片。说是店庆活动，消费三百元赠送的芋头煲。夹取一块芋头片，入口慢品，香软可口，化整为零后，粉糯的小粒分散在舌面周围，像是给舌挠痒，美食之中蕴含情趣。

洗芋头就不是乐事了，黑褐色的表皮易黏在手上，奇痒无比，这种痒就有些讨嫌，痒得洗芋头者手足无措，内心烦躁。小时候祖母让我帮着洗芋头，我洗得愁眉苦脸，这时，祖母会说："洗芋，就是喜相遇啊，这是多美好的事，你看，芋头正对你笑呢。"我当然没看到芋头的笑容，却由此感受到了祖母的乐观。

祖母喜用芋头和五花肉红烧，烧热的油锅里，扔几块冰糖，等冰糖融化，颜色泛红后，放入煮至七八成熟的肉块，再加两勺老抽、小半勺料酒翻炒，接着注进清水，放各式调料辅材，慢炖片刻后，加入芋头，汤汁收浓出锅。和红烧肉沾亲带故后的芋头浓油赤酱，软糯香黏，咸甜可口。有着好心情的祖母做的菜自然能得好味。

这样的好味荡漾在唇齿间，飘香在岁月深处。恍惚间，祖母已去世二十多年了，我也匆忙间来到了中年，记忆的味道让人挂念，让人着迷，这味道的成分里有亲情味，人情味。

芋头曾给我迷惑，我曾把生活在野外的它误作为滴水观音，把室

遇到好缘

内的滴水观音当作是它，两者的叶片、长茎很相似。对比观察后知道，芋头叶片中心没有紫点，而滴水观音是有的，幻化作人形的话，这紫点就是观音眉心间的吉祥痣。

苏东坡有诗云，“香似龙涎仍酽白，味如牛乳更全清”。这是形容江南小个头的芋头。芋头品种很多，光吾乡就盛产龙香芋、香荷芋、紫荷芋、香沙芋，四种芋头种植环境不同，各有特色，它们的名字很风雅，似乎是从唐诗宋词集子上跳下来的字符，给它们命名的劳动人民充满智慧。

我在外闯荡的那几年，经常加班到晚上八九点，太累了不想在忙晚饭，就把买来的芋头、山芋洗净了上锅蒸，去皮蘸白糖食用，吃这样的简餐，让人更易想家。在休息的时候，我会用芋头炖排骨，芋头熟得快，先捞上来吃，吃完后再放，反复两三次后，汤色泛白，排骨也烂熟了，这时撒上葱花，放点盐，喝汤嚼肉，再置一碗米饭，开吃片刻，暖意盈怀；吃至碗底，周身俱暖。

芋头在我们生活当中频繁地出现，到了过年时，乡人的餐桌上几乎都有芋头，这是我们这的传统，说是吃上芋头，来年就会遇到好人，所以爱吃不爱吃的大人小孩都会吃上几口，不为别的，只图人生当中碰到更多的良师益友。

芋到，是好口福；遇到，是好缘分。

山药果

见到顾阿姨送来的一筛子山药果，我如遇故人。我已经三十年没见到山药果了，山药果对我来说，是童年人生舞台上的道具。山药果俗称山药籽、山药豆、山药蛋。山药蛋还是一个著名文学流派的名称，源自山西，以作家赵树理为代表。不过山西的山药蛋指的是土豆，两者同名不同物。

小学的时候，我天天能看到山药果，那时上学的路上有个卖零食的小摊，摊主老太经常向我们兜售猫耳朵、干炒蚕豆、山药果等零食。遇到要买的小顾客，她抓上两把，旧报纸一包，一包售价五分钱。偶尔我也会零用钱买着吃，但后来家人见到就不让买了，说不卫生，老太指甲缝里都有泥。我后来仔细观察了老太的手，确实不太干净，但还是忍不住买她的零食吃。

老太的山药果是蒸熟了的，外表灰褐色，比土豆的颜色要深沉些，和猕猴桃的颜色相仿，小手指般大小的山药果掉到泥地上，很难发现，它总让我想到泥丸——济公用身上污垢搓出的泥丸，能治疗各种疑难杂症，这是当时热播的电视剧《济公》里的场景。

山药果一粒一粒吃不过瘾，我们就把山药果一粒一粒地剥皮，凑上十多颗再吃。山药果黄白色的果肉散发着很淡的异香，带有一丝微甜，它是松软的，但又凝聚着浑厚，滋味平稳妥帖如邻家女孩的相貌，即使日后见到再多的美貌佳人，都难以忘记她清纯的模样。

山药果出在山药藤上，这是一个老人告诉我的，他说，以前他家老屋的槐树上，就攀附着一株山药藤，也不知什么时候有的，也无人打理，小时候的他在秋天的时候，常用竹竿子打山药果吃，之所以能记住季节，是因为吃山药果的时候，家里花圃的菊花也开了。

山药果和山药是近亲，山药是茎，山药果是珠芽，很多山药果是腰子形状，按“以形补形”的传统，有说法就认为山药果能补肾，它的近亲山药，按形象有观点说可以壮阳，有无疗效医师说了算，考虑到少儿不宜问题，我只好就此打住。

鸡头米

“宁做鸡头，不做凤尾”，这句俗语表示若在一流的人群当中排不上号，不如在二流的人群中排个名次。提到此语，我会想到鸡头、鸡头米、凤尾鱼，能从中庸之语中想到食物，说明我是一个多么平庸的人。

但鸡头米的食物属性不算明显，我们这是不吃鸡头米的。八月半的时候，早市上会出现卖鸡头的农人，注意了，这并非是禽类家鸡的头，而是一种生于池塘、湖沼中的植物芡实，鸡头两三元即可买到，人们买回去供月光菩萨，两三天后，失去供品作用的鸡头被扔到河中，供过菩萨的东西，不作兴撂到垃圾场。

鸡头米藏在鸡头里，鸡头呈粉红色，椭圆形，周身布满繁多的黄绿色小刺，上头有仿如鸟喙的尖嘴。打开后，里面是红亮的米粒，和石榴的内部结构很相似。剥去米粒的红皮，里面就是象牙色的“内衣”，再里面，就是白色的鸡头米。人工剥鸡头米要套上“铜指甲”，剥时不能破坏鸡头米的“内衣”，穿“内衣”的鸡头米比“裸体”的鸡头米味道正。

上头一段话多半是我在苏州了解到的知识，苏州大概是最钟情鸡头米的城市，我去过苏州十多次，至少有五六次是吃到鸡头米的，鸡头米有一种难以描述的淡香，清香透彻却又难以捉摸，给人若即若离之感。弹跳在牙齿上的鸡头米非软非硬，糯中含韧，不会轻易地被口舌臣服，而这种多样化的口感是极为美妙的。鸡头米在中秋前后上市，目前还未实现反季节种植，所以苏州一些饭店会大宗采购加水入冰柜冷冻起来，冰鲜得当的鸡头米，味道、香头亦如从前那般，就像安葬在虎丘的唐代名妓真娘，卖艺不卖身，始终能保住自己的贞洁。

我在苏州吃过鸡头米粥、鸡头米甜羹、鸡头米炒虾仁、鸡头米排骨汤，印象深刻的是吃过一道菜名中看不出食材的“荷塘月色”，是用鸡头米和菱角、莲子、藕片一起清炒的。素雅的“水仙”搭配一起，只取神似而非形似，水色、月光盘中俱全。

吃“荷塘月色”的那次饭局是师友陶文瑜安排的，那是我和他第一次见面，所以很难忘记。现今我到了苏州，吃或不吃鸡头米，都会想到这位壮年早逝的师友，想起他言说的、却无缘品尝的其他美食。

瓠子闲谈

入夏后，瓠子出现的机率多了起来，用之做汤，清鲜怡人，故邑人有将之称为“汤瓠子”。

周作人所写的《瓠子汤》是把去皮切片的瓠子同笋干等物煮了加酱油。而我家乡的瓠子汤是不放酱油的，瓠子清炒后，加水，丢一把虾皮，劈一块豆腐，水开后就能闻到清香。瓠子汤和丝瓜汤有些相仿，乳白中透着微黄，搁在盘中的瓠子叠合在一起，淡淡的青白中似乎飘荡着山野的清凉气，极像一幅简淡的浅绛山水团扇。瓠子汤冷了，口感也无影响。幼时我极爱吃瓠子汤，喜欢瓠子清鲜滑嫩的口感，但大人总不让多吃，说瓠子是发物，吃多了身上要长疙瘩。

古人对瓠子和葫芦如何分辨很含糊，宋人陆佃《埤雅》中说“长

瓠子图

而瘦小者曰瓠，短颈大腹曰匏”，这个说法不靠谱，曾有邻人送我一只匏（葫芦），其却是体长腹小，摇晃时其肚中籽粒嗡嗡作响。日本江户时代汉学家冈元凤纂辑的《毛诗品物图考》称“匏苦瓠甘，本是两种，只以味定之，不可以形状分别也”。以形或以味区分两种不同的葫芦科植物，缺乏科学论据。

瓠子的实用性不如葫芦，葫芦经艺术加工后称作匏器，价值倍增。吾乡王氏家族旧藏一珍贵的匏器，为其先祖、明嘉靖人王敬在祖坟处所得，王敬以为吉兆，将之做成盛酒的用具，称为匏樽，代代相传。瓠子虽是餐间物，但也绝非俗品，清人褚人获所编笔记小说集定名《坚瓠集》，学者朱万章把画史论著命名为《嘉瓠集》，皆让瓠子有了风雅气。

瓠子色淡绿，细长如法棍面包，以嫩者味最佳，嫩者上附绒毛，皮刨下来后可佐椒丝同炒。上海人喜将瓠子用海虾米清炒，定名为“开洋夜开花”，“开洋”是海虾米别称，意思它易捕捞，船开到海洋上就有了；“夜开花”是根据瓠子夜间开花的特性而取的名字。这个名字易让人想到开埠、十里洋场、夜玫瑰、海上花等元素，相当符合上海这座城市的气质。

瓠子在宋代林洪《山家清供》中可制“假煎肉”，具体为“瓠与麸薄切，各和以料煎，麸以油浸煎，瓠以肉汁煎，加葱、椒、油、酒共炒。瓠与麸不惟如肉，其味亦无辨者”。我没吃过“假煎肉”，不过吃过瓠子做的真煎肉，去瓤的瓠子切段，塞入肉泥，油煎后红烧，吸进肉味的瓠子油润糯软，滋味尚可，但清香气却被油脂气取代，失去本色，不是我所欣赏的烹饪风格。

空心菜

色即是空，空即是色。《心经》中的名句同样可形容空心菜。空心菜看上去绿得养眼，梗芯内却空空荡荡，色是表象，空是本质，形式和内容互为相连、不可分割。

空心菜有佛家气息，也有儒家气质。我看过湖北朋友写过一篇《竹叶菜》的文章，一直搞不懂是什么蔬菜，多年后，方知是空心菜的别名。竹叶菜一名，与文人喜欢的修竹挂上了钩，显得风雅秀逸。

空心菜可清炒，佐菜籽油、盐足矣。讲究些的，顶多再加上红椒丝、撒上蒜泥。等空心菜装盘后，写意地看，似如红衣女子在飘雪的青山行走，这约是冬末初春的时候，女子可能是初唐的红拂女。

乡人吃空心菜多是薄油清炒。而我在安徽却吃过空心菜炒肉丝，炒这道菜，用荤油而非素油，空心菜浸润其中，仿若雨润后的新苗，横卧上面的肉丝像锄头、镰刀、铁锨等农具。农人呢？大概是避雨而去了。挑一筷头空心菜细嚼，敦厚的荤味中，有淡淡的清鲜味，这是地地道道的田稼滋味。

夏秋季节，空心菜是宴席菜单上的“时蔬一道”，是食堂“两荤两素一汤”工作餐中的“两素”之一。有一次，我在食堂吃饭时，看到来本单位实习的女孩用细长的空心菜梗吸着汤碗里的汤汁喝，女孩吸了几口后，停下来和同伴挤眉弄眼，想必这汤的滋味很鲜美，当然还客观反映了单位食堂厨师的刀工有待提高。

一朋友喜欢琢磨吃喝，某天，他心血来潮，做了一道空心菜塞肉请我们品尝。配上葱姜末的肉泥，用去了针头的注射器注入空心菜的茎梗之中，接着入锅中油炸，捞出后，蘸甜面酱吃，这道费时费力的功夫菜吃起来油润鲜香，朋友给它起了个名字叫“满腹经纶”。

空心菜喜水，故古代有人编苇为筏，利用苇筏将其漂浮水中种植，这是西晋嵇含《南方草木伏》中的记载。隐藏在古书页中的无土栽培技术，让我们感受到了先人的智慧光芒，这亦是历史深处的细微星火，它引领着后人去探寻更多的光明。

金庸小说《连城诀》中主人公狄云有“空心菜”的外号，为其小师妹所起，意指狄云是胸无城府、光明磊落的君子。而“空心菜”在我们这一带却用来形容外强中干之人。一褒一贬的释义，足见汉语的博大精深。

莼菜

纯净之水孕育的纯洁之菜，名为莼菜。莼菜是盘中的美食，莼菜是我写作的素材，莼菜曾在我舌尖上存在，而今我要在纸上记下莼菜的存在。吃莼菜、写莼菜都是品味，品味要慢条斯理，才得个中滋味。

莼菜我吃过多次，但都是在饭店吃的，莼菜不是吾乡百姓菜篮子里的常物。我吃过莼菜豆腐羹、莼菜蛋花羹、莼菜银鱼羹、莼菜鸽蛋汤、莼菜鸡丝汤……莼菜好像只适合做羹汤，它从水中来，最终还归于水中。

莼菜和菌菇同被誉作清虚妙物。这话来自清人李渔的《闲情偶寄》，继而他又说以“二物作羹，和以蟹之黄，鱼之肋，名曰‘四美羹’”。客人吃后称赞道“今而后，无下箸处矣!”这个古食单虽没有阐述具体的制法，但魅力不减，模糊而超脱的美味令人更向往。

春夏是食莼菜的季节。清明之后的江南池塘，水面一片碧绿，仔细观看，这养眼的碧波由一片片椭圆形的叶片组成，用手捞起，发现有的叶片底面竟是深红色的，连接它的细茎生出分枝，枝头上有包卷着的嫩芽叶，这就是可食用的莼菜，它平时隐藏水中，等到长大后才会抛头露面。

莼菜外形似茶叶，加上它和名茶"碧螺春"上市时间相近，便有人给它起了一个"水中碧螺春"的雅号。"碧螺春"原名"吓煞人香"，其香浓味醇。相比"地上碧螺春"，莼菜却是无味的，但无味胜过有味，莼菜有独到的文化味，西晋张翰不愿卷入王室之乱，借口思念家乡莼菜和鲈鱼，辞官归乡，成就了"莼鲈之思"的典故。古代名士的行为广告让莼菜化身为光鲜的文化标识，它既是乡愁的寄托，也是文人情趣的依附。

莼菜包裹着稠厚的黏液，这使它摸上去是滑腻的，吃到嘴里是滑爽的。盛莼菜宜用德化窑汤碗，潜伏在清澈汤汁中的莼菜，经过白瓷的衬托，显现地愈发见绿，像是俯视顶面封了玻璃的白墙庭院，透过玻璃，能看到种植的绿牡丹，花养眼，无须鼻息闻香，自有芬芳入心来。

烹制莼菜羹汤，无须添加提鲜的调料，汤中亦会滋生鲜美，盖因莼菜有"度化"好汤的作用，放在人世间，这就是"成人之美"。蔬菜身上，同样有值得人生借鉴的闪光点。

水中的莼菜婀娜多姿，富有变化，宋画家米芾借以来形容唐画家吴道子的作品，称其"行笔磊落，挥霍如莼菜条，圆润推算，方圆凹凸"。吴道子用"莼菜条"线描的人物衣带，如被风吹拂，颇有动感，他的风格因此被称作"吴带当风"，这是与莼菜有间接联系的典故。

茼蒿

印象里，茼蒿吃法不多，要么配蒜泥清炒，要么搭豆腐烧汤，要么敷斩肉（狮子头），再有就是煮茼蒿菜饭下茼蒿面了。某天我翻袁枚的《随园食单》，看到里面提到怎么吃茼蒿，“取蒿尖，用油灼瘪，放鸡汤中滚之，起时加松菌百枚”。这样的吃法不惜工本，远非普通人能够享受。

我从书中得知茼蒿还可以凉拌，作家叶灵凤说把马兰头“用酱油麻油醋拌了来吃，再加上一点切成碎粒的茶干，仿佛像拌茼蒿一样，另有一种清香”。虽未直接写，但看得出“拌茼蒿”是叶灵凤喜欢的下饭菜。

置放在菜篮里的茼蒿，碧绿水灵，映入到眼中，一切清新。这曾使我产生过猜想，茼蒿里能不能提取出医学家屠呦呦发现的“青蒿素”？为此我还查了资料，得知青蒿素是从青蒿中提取的，这是一种与茼蒿同属菊科的植物。

茼蒿又名蓬蒿，诗人李白有“我辈岂是蓬蒿人”之句，其中“蓬蒿人”指的是居住在长满蓬蒿荒野处的人，此句显现清高之态，气度不凡，但有局限性，毕竟英雄是不问出处的。另外句中反映的重要信息是蓬蒿生命力顽强，似野草一般遍布荒野。

茼蒿有特殊香气，其香仿若药菊中渗入了一丝泥土气，其个性之香让害虫无法侵袭，但也让它争议不断，虽爱食者众，但嫌其味恶怪之人也不在少数。茼蒿的香即便经过高温炒制，依然浓烈。汪曾祺精辟地形容吃芦蒿时，像春天坐在故乡的小河边，闻着春水初涨的味道。而吃茼蒿时，何又不像是春日坐在草木葳蕤的园子里，闻着繁花萌发的味道呢?

茼蒿是春冬季节吃的菜，刚挖出来后，它的质态是娇嫩，轻轻一碰，茎秆就会断裂。它宛如羽毛般的叶片起初是挺立着的，但要是搁置多时，叶片就会枯萎泛黄，整体从青绿变为深绿。从茼蒿身上，会深刻地体会到青春年华的宝贵。

炒茼蒿只需佐油盐即可，吃在嘴里有清香味——口感清鲜，嗅觉浓香。一清一浓的碰撞，味道绵延而悠远。我在炒茼蒿前，会将之焯水，同时会把叶、秆分开炒，这样做出来的炒茼蒿味道清脆，不失本味。这是十余年前一位大厨朋友教我的窍门，他现已不再掌勺，在老街开了一家规模颇大的饭店。

西蓝花

西蓝花是近十年才吃到的，以前见都没有见过这种蔬菜。初见它时，觉得它像花菜，以至邻家老太一直叫它“绿花菜”。

西蓝花是甘蓝的变种，像是一位欧洲少女的小名，这名字和中国女性“翠花”“杏花”“枣花”一样，听在耳里，有莫名的亲切，仿佛扎着麻花辫的大眼睛女孩笑意盈盈地立于眼前，这辫子，或许乌黑油亮，或许金黄灿烂。

西蓝花的花冠像绿色的云，升腾起来，却又飘散不去。还像一顶绿色的贝雷帽，国人不喜欢“绿帽子”，但西方却有“绿帽子节”，节日当天男女老少着绿衣，戴绿帽，穿绿鞋，配绿色饰物，绿得彻头彻尾。

中西方的认知存在差异，而饮食在消除两处的隔阂，原产于地中

良厨如同丹青理

海的西蓝花传入中国后，经常以炒、拌、炖等方式出现在百姓的餐桌上，而在西餐馆中，一盘烤牛排或意大利面，有了西蓝花点缀，赏心悦目的颜色立马丰富起来。而以西蓝花为原料所做的焗饭、芝士浓汤更是广受欢迎。

西蓝花整体如一棵矮壮的大树，易吸附灰尘，沾染虫子，因此切开后时，可在清水里放适量的盐和小苏打，浸泡冲洗。另在烹饪前还需用滚水烫一遍，以去除西蓝花的苦涩味。以前我是用焯水的方式处理，但后来发现这样会使西蓝花失去脆感。

清炒是烹饪西蓝花的主流方式，可佐胡萝卜片、木耳、虾仁、红椒丝，热锅里倒油，快速翻炒，出锅时，撒少许盐即成。我还喜欢在放盐前加一些蒜末，这样色泽上好看，味道也更厚实。

我对朋友饭店里一道上汤西蓝花印象深刻，西蓝花和火腿块、变蛋粒、玉米粒、菌菇片一道高汤炖煮，汤汁浓醇鲜美，拌在米饭里，浇到面条上，怎么吃都是舒心爽口。我在家试做了几次上汤西蓝花，口味一直不及。

美国前总统老布什不爱吃西蓝花。他和记者说小时候就讨厌西蓝花，但母亲强迫着吃，现今做了美国总统，不会再吃了。一些西蓝花种植户看到新闻后，送了一车西蓝花到白宫，下不了台的老布什只得让夫人芭芭拉将之转赠给露宿者之家，芭芭拉事后向媒体打圆场说，总统可以决定怎么做，但小朋友还是多吃西蓝花比较好。

心里美

老北京有一家以萝卜丝饼闻名的饭馆，名曰致美斋。致力做味道精致的美食，大概取的是这个意思。这不应是老饭店的追求，也该是当下所有饭店的目标。

致美斋所做的萝卜丝饼，所用原料是婴儿拳头大的小萝卜，这肯定不是心里美萝卜，因为心里美个头要大些，小的至少有成人拳头大，大的可达到四五斤。

心里美呈圆形或椭圆形，表皮青绿或青白，“咔嚓”一刀，顺带着清脆之音，红瓤映入眼前。红色是它的一片丹心，是它的满腔热情。这心里之美不是个体的快乐，而是大众的欢愉。

有的心里美其貌不扬，表皮已经翻裂开，能直接看到红心。用手掰开了吃，却还是水滋滋的，甜丝丝的，还有一点微麻。这综合性的口感像一把无形之手，打开了口水的阀门。吃心里美，整个嘴里都是水润润的。

心里美能当水果吃，水果店里却没有，倒是常见农人走街串巷地卖，一辆28寸的自行车，后面绑着个圆竹匾，里面堆放着“心里美”。买回家的“心里美”还可切成丝，拨两勺白糖，浇些麻酱油凉拌，沁凉爽口，很解腻。喜食海鲜的人士要是在里面再放一把海蜇丝，下酒绝美。心里美拿来烧炒不好吃，一经高温，它的“心”还红，但不再有脆嘣嘣的口感了。

心里美秋种冬获，南北都有，据说在清末还是贡品。据说当年一冬天，慈禧太后到北京郊区的西红门一带闲游，口渴，想吃梨，谁料随从把食盒的盖子弄丢了，冻成冰坨的梨无法食用。西红门的掌事者赶紧给慈禧端了一盘心里美萝卜片，慈禧觉得比梨要好吃。从那以后，西红门萝卜要定期进贡，心里美什么时候到，城门就什么时候开。因此留下了一个歇后语“西红门的萝卜——叫城门”。

心里美入国画的少，画家所绘萝卜多红萝卜，红萝卜外表色彩浓烈，入了画面很夺眼球。我见过唯一一张心里美的画是工笔画名家于非闇所绘，心里美带着缨子和尾巴，尾部泛着红色，倒过来看有些像寿桃，融进了画家合理的想象。点睛之笔在于心里美上面伫立着一只蚂蚱，这就使心里美变得水灵了。画面上方有款识“环北京产萝卜，味甘而脆，色尤艳美，有所谓心里美者，胜他种。今年生产尤硕大，而予齿已不能嚼矣，老态已至，作此怆然”。老迈的画家已嚼不动心里美了，只能借助笔墨一解馋意。所以喜欢什么美食，还是趁着年轻多吃一些好，以免到了暮年留有遗憾。

心里美还有个名字叫“西瓜红”，但切开后，却是宛如红苋菜的胭脂色，清诗人崔旭和我看法亦相同，他留有写它的诗句“烂嚼胭脂红满口”。它和西瓜红瓤有着本质区别，那为什么叫西瓜红？我不理解，似乎也没必要去了解。

出水鲜

参鱼随谈

郊外，有老者在河边垂钓，我上前看其“战果”，脚下桶内，有两三尾参鱼在水中游动，老者转过头来看着我，叹声道：“运气不好，全是小参鱼”。我安慰他说：“参鱼搭酒呱呱叫。”他听了，笑了笑，继续关注起河面。

我只有闲的时候才吃参鱼，因为参鱼刺多，需静心慢品。多刺的鱼，往往身上有鳞，著名的有鲥鱼，张爱玲说过人生三大恨事，“一恨海棠无香，二恨鲥鱼多刺，三恨红楼梦未完”。实则不应有恨，换个角度看，事因不完美才有悬念、才产生趣味、才吊人胃口，在我看来，鲥鱼参鱼之刺，是京剧演员的行头，少了它，滋味效果也就淡了。

鲦鱼，是参鱼的学名，它大概学武不学文，形如柳叶的身上银白似雪，看上去似乎就是柳叶飞刀，我更愿意把它叫作小李飞刀——古龙笔下虚构的暗器。说实话，这么想是存了私心的，在下姓李，所以希望姓氏能跟在后面沾沾光。

多数参鱼长度不超过一根筷子，宽度和成人拇指相似，它有近亲白条鱼，外观和它相仿，但体形却是它的几倍，价格更远超于它。参鱼的纤小身段，会让吃客有参鱼刺比白条鱼刺多的错觉。在参鱼的肉中，隐藏着一种丫字形的软刺，如树枝改制的衣杈，衣杈是杈下晾晒的衣服穿在身上，食参鱼是取出叉刺送到嘴里，一收一放，呈现生活多样化。

参鱼食性较杂，夏天的时候，在很多河泊中常能观察到成群活动的参鱼，它们在浅水处游动嬉戏，这是要是扔一小把馒头渣，它们会

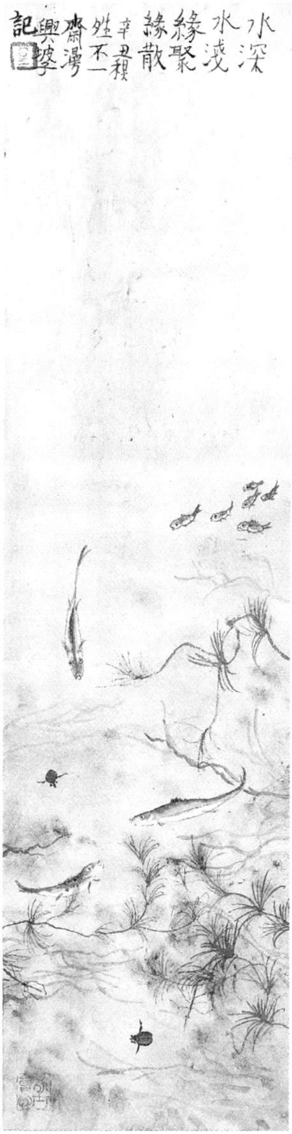

水深水浅，缘聚缘散

蜂拥上前，争抢食物，搅动着水面发出轻微地哗哗声响，全然不顾岸边打量着它们的人类。

对于傲慢的参鱼，人们有时会用特制的参鱼网对付它们，这种网由橡胶浮子、铅坠、综丝网组成，网分三层，参鱼进网后，就会“粘”在上面。落网的参鱼当中经常会夹杂着小鲫鱼、鳑鲏等其他鱼类，在专业的渔具面前，“杂牌军”的战斗力不堪一击。

参鱼价贱，加之难打理，饭馆很少拿来入菜。倒是家庭的巧妇喜做油炸参鱼、红烧参鱼。经典的是咸菜烧参鱼，两指紧掐住参鱼，抠出鱼鳃，刮去鱼鳞，开膛取内脏（这是细活，弄不好鱼胆破了，吃起来有苦味）后，搭上葱姜入油锅，再放两把切段的长梗白腌菜，一捧花生仁，舀两勺酱油、撒少许白糖红烧，烧熟后，夹一条参鱼剔骨，取细白的鱼肉蘸红汤吃，鲜嫩咸香，有隐约的回甜。把咸菜烧参鱼放冰箱后，稍后取出，挖一块琥珀色的鱼冻含在口中，热气进逼鱼冻，融化的汤汁涌现口中，鱼香奔袭而来，嘴中无鱼，味中有鱼，渡化也是烹饪中的一大高招。

我收藏有一张“江淮画鱼人”潘觐缋所绘参鱼册页，参鱼以浓淡墨造就，颇为生动，但写意成分大于他笔下兼工带写的金鱼，想必画起来要容易些。

杂说虎头鲨

虎头鲨的名字很霸气，身体却很短小，一般的长约两根牙签，由于生长缓慢，所以超过一支笔长度的虎头鲨很少见，能卖上高价。当然现在普通的虎头鲨也贵，是宴席上的大菜。汪曾祺所言的虎头鲨是贱鱼，不能上席早是猴年马月之事。

汪曾祺说虎头鲨是贱鱼，并不代表他不爱吃虎头鲨，汪氏写过《虎头鲨歌》，开头两句为“虎头鲨味固自佳，嫩比河豚鲜比虾”。虎头鲨的确肉很嫩，但那身黑褐色斑纹的外表，摸上去很粗糙，有“粗皮”的包裹，才有“嫩肉”，如柔弱之虞姬在西楚霸王帐下得到保护。

虎头鲨嘴大且宽，挑开其扁嘴能看到细密的小牙，这一点倒是很对得起它的名号的。虎头鲨空有武将相貌，头大无脑，有“虎头呆子”之称，它喜欢栖身近岸的水草石隙当中，潜伏下来，就很少活动。乡村的孩子们便利用它这一特性，取两只瓦片凸处朝外一合，里面填充入稻草，外面用绳子绑紧，有瓦的一头沉入虎头鲨出没的河中，绳子一头系在码头墩上，经过一夜，白天捞上来时，多半是能看到几条虎头鲨躺卧其中的。这样的方法近来不太适用了，究其根源不是虎头鲨变精明了，而是它们数量少了。

野外的少了，人工养殖的虎头鲨就出现了，当今食物虽非昨日之味，但价格却也要超过很多淡水鱼，因贵，百姓疏远了与它的距离，一年难得几次买它食用。家常味道，定是由寻常食材烹饪，少了寻常，就没了家常，烟火气里必然失了朴素的情愫。

以前我是吃过不少虎头鲨的，我父亲喜食虎头鲨，母亲常买回入菜，无论红烧还是煨汤，虎头鲨的汤汁都鲜美异常，极下饭。虎头鲨吃起来不麻烦——它的卡刺不多，“粗皮”历经烧制，成了“细皮”，于是连皮带肉，虎头鲨就转换为“细皮嫩肉”了，这样唤起味觉征服欲望的颠覆，似乎和代表反叛精神的西方嬉皮文化保持了一致，故在口感报告上也可写作“嬉皮嫩肉”。

有一次，我和朋友到淮扬菜馆吃饭，他点了一道“炒鲨鱼片”，我开始误以为是海鲜，上桌后一看，嗐！原来是炒虎头鲨鱼片。我这一恍然后的惊叹，与汪曾祺当年得知“塘鳢鱼就是虎头鲨”后的感慨可能相似。

虎头鲨或是别名最多的淡水鱼了，它另有沙鳢鱼、蒲鱼、土步鱼、杜父鱼、土才鱼、土憨巴、土狗公、桃巴痴、孬子鱼、癞蛤蟆鱼等十多个名称，不同地域，不同叫法。水土实在是个很奇妙的东西。

乌鱼或酸菜鱼

这几年乌鱼似乎是酸菜鱼的代名词，我们这边家庭、饭店做酸菜鱼，乌鱼是雷打不动的主材。我虽在外埠吃过花鱼、鲢鱼做的酸菜鱼，但总觉得味道上缺失点什么。所以我这么解释，乌鱼生是酸菜鱼的鱼，死是酸菜鱼的菜。

二十多年前，酸菜鱼还未流传到我们这座城市时，百姓人家买乌鱼，一般无非是两种情况，一种是把乌鱼作为礼品，去探望朋友家坐月子的妇女；另一种是家里有坐月子的女眷，家人买了给她吃。因为按民间说法，乌鱼汤有下奶的功效。从前我们小区里有一小媳妇生了儿子，奶水不足，她的婆婆天天去菜场买乌鱼回来炖汤。后来那小媳妇一看乌鱼汤，就皱眉头。坐完月子后，那小媳妇把家里的锅刷了又刷，她和邻居抱怨说，乌鱼汤是吃腻了，看到闻到，就倒胃口！

以前我觉得乌鱼是很吓人，它身上暗褐色的斑纹和动物园蟒蛇身上的纹理很相似，偏偏那时和蛇有关的香港惊恐片风靡一时，看着乌鱼，未免心有戚戚然。印象里，记不得是生养小孩的亲戚、还是添丁的邻居给我家送过几次乌鱼，吃过几次乌鱼汤后，我觉得乌鱼腥味比较重，肉质比较粗，没有鲫鱼好吃。

我一度想，以后不会吃乌鱼，要吃就吃乌贼！那时我特爱吃母亲从肉联厂门市部买来的冰冻鱿鱼做的菜，很长的时间我以为吃的是乌贼。多年后，我才明白乌贼和鱿鱼是两种不同的海味，这好比本来热恋的对象是双胞胎姐姐，但却稀里糊涂地和妹妹结婚过起了日子。这证明了我曾是多么的肤浅，连热爱的食物都搞不清楚。

我想，“肤浅”一词还可用在我吃乌鱼上。吃了酸菜鱼，我才发现乌鱼竟是如此的可口，我怎么都想不到，乌鱼竟能华丽转身。炖汤的乌鱼差不多是专业和职业不对口的高校毕业生，虽然也能在特定领域发挥作用，但总不能更好地服务社会。换成做酸菜鱼后，就会把自己的特长发挥得淋漓尽致，味道也就出来了，老百姓的口碑也就上来了。

酸菜鱼里所用的是用蛋清、料酒等码味后的乌鱼片。片剩的乌鱼骨架和鱼头是不能舍弃的，过油后煮成的汤汁是容纳酸菜及乌鱼的最佳载体，酸菜鱼虽然有汤，却又不是严格意义上的鱼汤，这是酸菜鱼卓尔不群之处。

在酸菜鱼名字和菜品中，酸菜是主要构成部分。酸菜多来自四川，是用大芥菜等腌制而成，颜色似雪里蕻咸菜，口感略似榨菜，它的酸味能渗透到汤中，钻入到鱼片里。酸是味道，更是个性，个性突出的饮食和面有特征的人一样让人难忘，我曾见过一位眉心有绿豆般大小黑痣的女子，可以说是美人痣，可以说是福痣，这么多年来，我一直记得她的容貌。

在酸菜临起锅前，撒芝麻、添香菜，再浇一勺熬好的红油，这样就是很画龙点睛的一笔了。吃了很多次酸菜鱼，要是谈到酸菜鱼的缺点，我觉得就是油重些，但生活有时还得润滑调剂，过度地讲究健康，不但对不起大厨的劳动，也是在虐待天天为外交工作忙碌的嘴巴。

六月黄

在秋天螃蟹还未大量上市的时候，六月黄先打了个头阵。

螃蟹寿命在一年半左右，在这有限的生命里，却要经历十多次脱壳，一般把第三次脱壳后的螃蟹称作“六月黄”，它可谓是螃蟹当中的少年先锋队，雄赳赳，气昂昂地从池塘里爬上餐桌，以光荣的生命换取人们对美味的奢望。

六月黄当中，永远存在“重男轻女”现象，这当中的公蟹最受食客欢迎，因为相比母蟹，它个头要大些，肉质要丰，而且也有“黄”，这实则是公蟹的肝胰腺，为半流质质态，没牙的老太也可轻易吮吸入口。

六月黄软甲小螯，螯爪上的毛也不丰密，完全没有成年蟹的霸道劲，当撩拨它时，它本能地举起两螯，只是怎么看，都没有英武之气，似乎只是个带刀防身的“文弱书生”。听说野外的六月黄为躲避白鹭、水蛇等天敌，会暂停捕食，藏身草丛中，消耗体内的“黄”维持生命，直到外壳变硬。

成年蟹清蒸为宜，六月黄面拖为佳。把干面入水调成汤湖状，抓一把毛豆撒在里面，再添少许的酱油。烧好后，面中有蟹，蟹中有面，连不起眼的毛豆里面都钻进了蟹香气，吃完蟹，再舀上几勺面糊汤到面条上，边吃边拌，味道一点也不比北方的炸酱面逊色。

我有好几位朋友是大厨，六月黄上市后，他们几乎都会做六月黄醉蟹，蒸熟的六月黄，和配料一起投入花雕酒中，十余天后取出，吸足了酒气的六月黄香甜甘美，入嘴凉，入腹热，劲道和醇厚接踵而来，仿佛细雨的午后，漫步在一人巷中，抚摸着斑驳的青砖老墙，心

酒酣

生的感慨冲淡了萧冷之境。

己亥年六月去水乡古镇游玩，我看到店铺中现场油炸六月黄出售，一只只的六月黄，在油锅里来回漂浮，看上去很诱人，买来一罐品尝，酥软清脆，连螯带壳能轻易咀嚼，但蟹香味被菜籽油的香气包裹，散发不出来，我和同游的朋友吃了两口就没了兴趣。所以烹饪要得法，否则不但是暴殄天物，也是对口舌的不负责任。

六月黄是时令物，秋冬市场上有一种螃蟹与之外表相似，为清理河塘时，捕捞上来的老头蟹（亦名侏儒蟹），其发育早熟，生长不大，壳硬，与六月黄口感有本质不同。

田螺

“生是一碗，熟是一碗，不吃是一碗，吃了还是一碗。”这则谜语的谜底是螺蛳，我想如果换成田螺，也未尝不可。

田螺和螺蛳在形体上相近，只是个头要大很多。如果田螺再和海螺比起来，又显得小很多，有一次我和作家荆歌在古玩店里看到一只以海螺壳改制的酒杯，系清代物，上刻“杯中酒不空”五字，荆歌对这只海螺杯情有独钟，买下后还在一篇文章中提到。

田螺壳制成的器皿我没见过，但我拥有过田螺壳装点的器物，那是一只“嵌螺钿”的花梨木砚屏，“嵌螺钿”是将螺蛳、田螺、河蚌等物外壳磨薄后，划刻为各种图文样式，镶嵌到器物表面。记得那只砚屏用螺钿装饰的暗八仙纹饰，工艺特别好，后被我转赠友人。

吸引人们目光的还是田螺肉，特别是夏天，夜市的排档街上，常能见到炒田螺这道菜，贴心的店家还会上菜时，带上些牙签，以方便客人挑食，但很多客人还是喜欢拿一颗田螺，靠在嘴边，用力一嘬，颤巍巍的螺肉连同鲜美的汤汁入口。若遇到嘬上两三下，都不愿“乖乖就范”的田螺，拿筷子把螺肉用力向壳内一挤压，再嘬，就成功了。

在我幼时，是不吃田螺的，那时很多孩子都看过《田螺姑娘》的故事，我曾幼稚地想过，希望以后能遇到一个美丽善良的田螺姑娘，后来随着年岁渐长，觉得田螺姑娘远没有《聊斋》中的那些狐女有魅力，时光改变着一个人的审美情趣。

有一年，卖水产的邻居老高送给我十多颗田螺，说是用网趟上来的。我拿给母亲打理，母亲挑出螺肉，剁碎后，配葱姜等辅料，放在猪肉糜搅拌，塞入洗净后、剪去锥尾的田螺壳中红烧。田螺的鲜味提升了猪肉荤香，松软丰腴的质感里夹杂着螺肉的一点点韧劲，香醇得无法言说，让我难以停箸。

做人要心胸大、肚量大、能力大、面子大。而吃田螺就不能以大取胜了，很多大个头的田螺不仅肉质粗老，更含有若干的小螺仔，吃时不仅索然无味，更有些于心不忍。

外来物种福寿螺和田螺容易混淆，两者在个头、体形上没多大区分，唯颜色、纹路、尾部等方面略有差别。福寿螺原产于南美洲的热带和亚热带地区，1981年进入中国，已在各地湖泊水田生根，它的名字虽然吉祥，但因体内生有很多寄生虫，建议少吃为妙。

河蚌

天冷了，饭店的菜谱上多了不少明炉菜，点上一份上桌，看着炉下蹿动的火苗，闻着诱人的热香气，心头猛地一热。吃到最后时，炉内食物的滋滋声渐无声息，炉火也慢慢熄灭了，温暖很顺利地过渡到体内。

河蚌咸肉汤是很热门的明炉菜。软滑鲜嫩的河蚌，肥瘦相宜的带皮咸肉片，配上清脆的冬笋、霜打后的青菜、布满蜂窝孔的老豆腐，汇在锅里，好比天南地北的能人为了共同的理想，聚到一起，推河蚌和咸肉为首领，群策群力，奉献出雪白鲜美的汤汁，品上两口，眉毛没有鲜得掉下来，但眉头明显向上跳了跳，这是典型的眉飞色舞，一切拜美食所赐。

河蚌生在河泥里，取它的人会带一只椭圆形的木澡桶，推到河里，然后潜到水底，把河蚌从泥中抠出来，高手花个把小时，就能收获一大桶河蚌江蚌。河里怎么有江蚌呢？原来有的活河可通江达海，江蚌就顺势“移民”过来了。江蚌比河蚌大很多，大的江蚌壳子近乎于一只大脚盆。江蚌的肉质粗老，劈开来的壳子被用来做舀子，蚌肉斩碎后被用来喂鸡鸭。

劈开壳的河蚌柔软，含水足。有经验的主妇劈开河蚌后，去掉河蚌的泥肠，拿锤棒反复地拍打，这样使河蚌肉烹制时易熟。接着以盐反复地搓洗蚌肉，一去黏液，二除寄生虫，特别是蚂蟥，喜欢依附在河蚌身上生存产卵。

家母注重卫生，搓洗后的河蚌她还会用清水洗上几遍才放心，不过这时的河蚌已严重“缩水”，满满一桶河蚌只剩下一小篓子。清理后的蚌肉和猪肉块同烧，这是我家每年春节都要吃的菜。肉最好选用码盐、晾晒过数天的风干肉，红烧过后，河蚌软烂而丰腴，小儿喜将河蚌的韧带用筷头挑出来慢慢吃，他觉得这样颇有食趣。和河蚌同烧后的肉块吃起来有些绵粉感，这是河蚌的黄散溢出来所致，红汤汁也

“沾光”后变得黏稠，胜过勾芡的效果。

我习惯把河蚌烧肉的红汤搅拌在米饭里吃，米粒裹上红汤后，它的清新气息与肉的荤香、河蚌的鲜意交融在一起，水陆的连绵美意在味觉上无限放大。不用搭配菜肴，米饭就能轻易地穿肠而过。

吃河蚌红烧肉、河蚌咸肉汤，吃之前都要加胡椒粉，这是大家的习惯。盖因是河蚌为大凉之物，暖性的胡椒恰能补充它的不足。很多次在饭店吃到河蚌菜的时候，我看到服务员都会在上菜后主动撒上胡椒粉，这样的约定俗成从我第一次吃河蚌时就有了，这大约是餐饮江湖中人人可以掌握的武艺了。

有个成语叫作“病蚌生珠”，原意就是河蚌在痛苦中孕育出珍珠。我有一次吃河蚌还真吃出了珍珠，那是我十岁时在一婚宴上碰到的运气，后来吃了很多次河蚌，但再也没有碰到珍珠了，在此希望日后还能有惊喜降临吧。

鲢鱼

鲢鱼价贱。前日路过一桥上，看木桶中有鲜活的鲢鱼售卖，就买了一条，五六斤的鱼，价格不过十余元。随后我去菜场买了两块豆腐，回去做了一锅鲢鱼豆腐汤，鲜美得不由多添了一碗饭，好滋味带动了好心情。

淡水鱼类中，鲢鱼和青鱼、草鱼、鳙鱼合称四大家鱼。这当中的鳙鱼，其实也可算是广义上的鲢鱼。清人徐珂《清稗类钞》中记载，“鳙，产于江湖，似鲢而黑，头甚大。俗呼黑鲢，又称鲢胖头。可食”。这么说来，四大家鱼中的“半壁江山”都是鲢鱼家族的，可见鲢鱼与民众有着更紧密的联系。

通常所言的鲢鱼，是头小形扁，体白鳞细的白鲢。它的古名叫作“鱮鱼”，它在《诗经》里多处出现。如《采绿》诗中有“其钓维何？维鲂及鱮。维鲂及鱮，薄言观者”。“鲂”是鳊鱼的古称，那时的河流里，鲢鱼和鳊鱼就很多见。历史的河流川流不息，通往到现今的湖泊，鲢鱼已然活跃了两千多年。

“鲢”字偏旁是“连”，字取其音，亦有深意。从字面上看，是“连连有余”的最佳解释。从我祖母到我母亲，每到春节，她们都会买一条鲢鱼红烧后摆在桌上，不一定食用，重要的是个仪式感。有了这一功用的鲢鱼，满载着民众的朴质梦想，在精神世界里游弋，直至到达幸福的彼岸。

“鳙鱼头草鱼尾，鲢鱼肚皮鲤鱼嘴。”这句俗语点明了四种鱼身上的最好吃之处。梁实秋说北平河南馆子的名菜瓦块鱼原料可选择肉厚的鲢鱼，但只取中段最精的一部分。这是因为鲢鱼中间腹部是其积攒油脂的地方，丰腴而少刺。我在吃过很多次红烧鲢鱼腹，以在一苍蝇小馆所吃的为佳，其入口滑软香嫩，最后以黏稠红润的鱼汤蘸面饼吃，滋味咸甜醇厚。了解得知这家小馆选用的是鲜活的江鲢鱼，而且只在鲢鱼最肥美的冬日供应此菜。“取鲜而食，顺时而食”是饮食营养美味的关键。

不被时光风干的鲢鱼是永恒的。花甲之年后的孙犁回忆在农村工作时，得一名叫作白旦的长工照顾，他写道“刘村有集，我买过白鲢鱼，白旦给做，味甚佳”。那些远去的人和物，那些琐碎的细节，清晰地涌现在作家的记忆之城里，这是人生的反刍回味，这是一生的五味杂陈。

鲢鱼可以天天与我们照面，它好就好在家常，不像河豚、刀鱼、鲥鱼等名贵的鱼只是偶尔在宴席上跑个龙套。无论是餐桌上一盘烧鲢鱼，还是屋檐下挂着的一条条腌鲢鱼，看上去都会令人心生踏实。

鲈鱼美

鲈鱼是怀乡之物，晋人张翰的“莼鲈之思”让它家喻户晓。为了钟爱的食物，可以放弃功名利禄，世上无几人能够做到，正面来说，这是淡泊明志；反面来看，这是荒废消极。中国历代的文人一直在出仕和隐退间做着艰难抉择，然却可用一句“志在书中”统一概括。

古往今来，鲈鱼一直是上品鱼，宴席上有一道鲈鱼菜，东道主是很有面子的。少时读范仲淹《江上渔者》诗，当时生产技术的落后，使得渔民乘一叶扁舟，“出没风波里”，从事具有危险性的捕捞作业，他们收获的鲈鱼不是自食，而是为了满足“江上往来人”的口舌之欲，以此换取微薄的报酬。“怜悯”是古诗的常见主题，如李绅《悯农》，如白居易《卖炭翁》，如张俞《蚕妇》。

鲈鱼细腻鲜嫩，风味如宋人的工笔，我尤喜清蒸鲈鱼，色淡而味美，其似工笔白描，含蓄、婉约，风雅中洋溢着柔情，鱼肉中渗透出淡水的清甜，食之能感觉到鲜活的灵气。当然鲈鱼红烧或炖汤亦各有其妙味。年前，与家人在外吃饭，点了一道松鼠鲈鱼，是将鲈鱼开花刀后，裹上淀粉油炸，随后以番茄酱、白糖、香醋做成糖醋汁浇在鱼身上，外层的口味与松鼠鳜鱼大抵相同，唯吃到里面白皙的鱼肉后，才能感受到鲈鱼的本香。

鲈鱼中以松江鲈最为有名，因之两鳃处有橙色斜纹，前人误以为其为四鳃，故又名四鳃鲈鱼。松江鲈头大身小，个头不超过手掌，因

莼鲈之思

野外难见其踪迹，人工养殖产量寥寥，故异常珍贵。听说杀之无须用刀，用筷子从鱼口伸入，拖出除肝之外的其余内脏，即可烹饪，其肝香嫩滑爽，堪为至味。

我不清楚有没有吃过松江鲈。有一年，在一高档宴席上，客位菜上了一道松江鲈鱼汤，肉香汤鲜。但有同桌朋友私语告诉我，这实则是以形态相似的沙塘鳢代替的。究竟什么鱼？我吃不出来。

海洋中同样有鲈鱼，但海鲈鱼肉质粗，腥味重。我还吃过海鳗鱼、海刀鱼、海鲫鱼，但觉得它们不如淡水中的同类口感好，这或与我地的海鱼都为冰冻品的缘故有关。

泥鳅

泥鳅的名字，干脆地说明了它爱在淤泥中生存。因此原因，泥鳅有土腥味，不过要是去掉它布满周身的黏液，土腥味就会大为降低。故很多厨师在烹制泥鳅前，会用盐来搓洗。

对淤泥的热爱，是泥鳅喜阴凉的个性使然。暗无天日的环境给它提供了安全保障，它像是淳朴诚厚的小民，不问世事，不求闻达，能够温饱足矣。宋人周敦颐形容莲花“出污泥而不染”，我想泥鳅也是如此。

泥鳅是滑腻的。我曾在水田中捉过泥鳅，把它从泥中掏出时，稍有不慎，它能从指缝中滑溜而去，最后只得用双手连它带泥捧起，迅疾地扔到鱼篓中，不甘俘虏的它弹跳几下后，就恢复了安静，沉沉地睡去。离水后的泥鳅是用肠壁呼吸，这个冷知识在公务员考试选择题中出现过。

泥鳅之“滑”打开了人们的联想，“他滑得像个泥鳅”是形容一个人处世圆滑、不够诚实。这显然是贬义的。其实像泥鳅一样滑的鱼还有黄鳝、鲇鱼、乌鱼等，像黄鳝别名就叫滑鱼呢。但它们为什么没有像泥鳅那样被拿来作比方？中国的有些语言，细究起来就站不住脚了。

另外收藏上有一个专业术语叫“泥鳅背”，一些瓷器的底足外圈，修整的圆润光滑，可称“泥鳅背”；金银、翡翠等打磨的内圈平外圈圆的手镯也可称“泥鳅背”，它和鲫鱼背、蛤蜊光、鱼子纹、火石红等词汇同是艺术收藏人士的口头禅。

我们这边的人对吃泥鳅不上心，在饭店菜单上是看不到泥鳅菜的，但在火锅店、烧烤店里倒是能看到它，锅里涮一涮，炉上烤一烤，偶尔吃上一回，别具风味。普通百姓也很少买泥鳅，除非家里有妇女坐月子。泥鳅是高蛋白的食物，产妇喝它的汤能下奶。

有一年，我在浙江领略过名菜泥鳅钻豆腐。浓汤之中，白嫩的豆腐中，嵌着两三条像是枯树枝的泥鳅，像是雪后萧索的山野。东道主介绍，此菜先要将泥鳅养上数日，待其吐净肚中脏物后，先入锅烧豆腐，接着放冷水，入泥鳅，用文火慢炖，热得难耐之际的泥鳅会往豆腐中钻。当汤水滚起，再放细盐、白醋、料酒等作料。不过是由于这种做法过于残忍，还是觉得未去内脏的泥鳅存有腥味，这道菜我并没有多尝。

今年在湘西凤凰的一家小饭店，我尝了一道油炸泥鳅，含在嘴里慢慢地嚼，能充分感到它外脆内嫩的质地，牙齿深入其中，鱼刺“咯嘣”一下酥到舌头的怀抱，和鱼肉搅和成碎末后香味阵阵回荡，配上酒鬼酒，真是一顿至美的享受。旅途中，凤凰景色给我的印象远不如这道油炸泥鳅来得深刻。

翘嘴白

本乡宴席吃饭，最后上的一道菜必是鱼。以前这样，现在还是这样，只不过从前是鳊鱼，现在流行翘嘴白。不同的时代，不同的饮食审美。

有鱼谐音“有余”，家里有余粮，兜里有余钱，这是万千家庭的希望。宴席上有鱼，多数时候还“有余”，但“有余”就要打包，避免浪费。俗话说“一粒米，七斤四两水”，浪费饭菜，就是暴殄天物，就是对自然的不敬，对劳动的藐视。

翘嘴白给“有余”的寓意镀上富贵色彩，其有雪花银之色，如采用清蒸制法，这使得它成色不褪，对比之下，盛放它的白瓷盘就显得黯淡无光了。翘嘴白的白，是干净洁白，它生存在水质良好的江河中，它在水中异常显眼，《水浒传》中张顺因熟谙水性，故人称“浪里白条”，而“白条”是和翘嘴白有一些相似的鱼类。

翘嘴白，顾名思义是翘嘴的白鱼。翘嘴白头小腹大，背隆起，身体细长如柳叶，向上翘起的嘴巴像是闯祸后的幼童撅起的小嘴。配上隆起的背，圆瞪的眼，翘嘴白看上去是倔强不低头的姿态，广东人称它为“拗劲”，也有这一层意思在里面，不过“拗劲”不讨口彩，所以广东人又称它为“和顺鱼”，这与会做生意的温州人把鸭舌叫作鸭赚的道理一样。

我地吃翘嘴白无论红烧、香煎或清蒸，烹制前，都会把翘嘴白先腌制一下，酒润盐渍后的翘嘴白口感润泽，肉质扎实敦厚，鲜美被一股脑地调动起来。像先是研习篆刻，到了四十岁才开始画画的吴昌硕，有了深厚金石学养的铺垫，画面自有非凡格调和磅礴气象，仿他的人要么没有这千钧之力，要么缺少这生命感悟。

翘嘴白的食物主要是昆虫及小型鱼虾，食荤的它能长至近百斤。鱼市上的翘嘴白多数在斤把左右，价格很迎合大众。开饭店的朋友老袁常买半斤至八两间的翘嘴白入菜，他认为这个重量的翘嘴白口感最好，小一些的肉质软塌，大一些的肉质粗老。老袁喜欢把打理后的翘嘴白切花刀，上铺切的薄如灯罩的咸肉片一起合蒸。肉解了油腻，鱼增了腊香，鱼肉合璧，小康的生活从口舌中起步。平时吃这道菜，似乎有过年的感觉，想想现在年味的确淡了，可能都稀释到平常的日子里去了。

白米虾

家乡河泊中有种小虾，叫“白米虾”，因虾仁比白米大不了多少，故名。白米虾除了两个小黑点眼睛外，几乎通体泛白，若放在白纸上，乍一看，很难发现。由此我想到白石老人的水墨虾，笔墨还是浓了些，画的该是青虾的多。

捕捞白米虾可用虾罾（又名虾绷子）。虾罾做起来不复杂，两根柔韧性好的篾片十字交叉绑与一处，上系一根绳索，连接着长竹竿。下方篾片顶头分别系着一方形鱼网（也可用纱布或蚊帐代替）的四个角。把虾罾放在经常出没鱼虾的河段，长竹竿往岸边一支，罾网里撒点面团或酒糟做诱饵，朝下罾的水面扔些碎砖瓦，使增了重量的虾罾沉到水中。过了一会儿后，拿起竹竿一拎，罾网像雨伞那样收起。把水滋滋的罾网拿上岸，打开，竟能见到不少惊慌无措的小鱼虾，它们毫无目的地蹦跳着，拍打出一股腥气。

挑出的白米虾水洗后，直接上锅盐水煮，能得原味。煮熟的虾儿白里透着淡淡的红，色彩和一种叫作“孩儿面”的珊瑚颇相近。白米虾的壳极薄，连壳带肉咀嚼着，鲜香从口腔里环环而出，拱到鼻端周围弥漫，这味道像是水味——幼年下野河扎猛子感受到的氤氲水汽。

白米虾配青椒或韭菜炒是很好的下饭菜，添适量的酱油，急火快炒，出盘后菜蔬还是青翠之色，虾卧其中如栖居在绿藻之上，它在意念当中还是鲜活的，只不过过渡了炉火的些许光彩。映射在眼帘中的白米虾，像是春雨中纷纷落下的桃花瓣，凄丽而浪漫地落到口中，口感因此美妙。美是食物的口感，而妙贵在食者的思想。

鲜是白米虾的外表之味，这不稀奇，鱼虾皆存有此味。而清甜才是白米虾个性的味道，甜得清清爽爽，才会不腻；甜度点到为止，才会不厌。白米虾的甜，是轻灵的，像文徵明晚年的行书，婉转飞扬，却不浮于纸端，轻盈灵动如脱兔，让你忍不住回首百看，这构成了回味。没有回味的食物就像没有风情的女子，纵然再美，也很难与同性异性相处。

白米虾晒干了可做作料，做一锅海带冬瓜汤，煮一碗阳春面，加几粒白米虾干，赛过用味精鸡精提鲜。我家附近有一卖豆腐花的小店，价格比其他家要贵上五毛，但因豆腐花里放了白米虾干，我经常光顾。

鳊鱼

“宁饮建业水，不食武昌鱼”，这是三国期间吴地民谣中的句子，起先，我以为当中的“武昌鱼”是武昌所有鱼类的统称，后才知道，指的是武昌所产的鳊鱼，这是享誉古今中外的地方名产。

鳊鱼缩着头，弓着背，体型薄扁，故有了“鳊鱼”之名。它另有古名叫“槎头鳊”，“槎头”是树枝，先人用树枝把水中的鳊鱼围起来，禁止擅自捕杀。这个名字浓缩了古代的渔业活动。

古人钟爱不仅有文献资料佐证，还留下了实物凭证。湖北博物馆收藏了一条战国时期的干鳊鱼，表面呈黑褐色，整体保存大致完好，经检测后，含有大量盐分，是一条腌制过的咸鳊鱼，在土下深埋了二千四百多年后，它的食用价值已被文物价值所取代。

自然环境中，鳊鱼喜群居生活，主要吃水生植物，兼食浮游的小虾及落入水中的昆虫等。有体长仅一两寸的鳑鲏鱼与鳊鱼外形相似，吾曾以为，鳑鲏鱼长大后就会成为鳊鱼。后知理解错了，就像江边打洞筑巢的螃蜞，形似幼年的大闸蟹，但却是两种不同的蟹类。

画鱼的画家多，画鳊鱼的画家少，我乡老前辈潘觐缋算一位，寒舍原藏有潘老《鳊鱼》册页一张，后割爱于友人桂医师。一平尺的画幅上，绘大小五条鳊鱼在水草中游弋，鳊鱼身上没有勾画鱼鳞，而是以水墨打底，施以淡淡的翡翠色，笔法兼工带写，富有生活情趣。

鳊鱼肚边肉白嫩，囤积着厚实的脂肪。其背脊边的肉也白嫩，被带有脂肪层的青黑鱼皮包裹着。这是鳊鱼、也是很多鱼身上最好吃的两处部位。

维扬地区吃鳊鱼不是红烧就是清蒸，清蒸前，可将鳊鱼去头切尾，在其身上切出一条条均匀的竖纹，沿圆盘一周展开，嵌入头尾。这道很考验刀功的菜曰“孔雀开屏”，形状上虽不是完全像，但菜名有几分这样的意思就讨喜了。听说南方有地区会把鳊鱼用来炖汤，味道如何？这要请教饮食专家曾庆伟。

川菜中有一道“东坡鳊鱼”，名声虽不及“东坡肉”，但相传也是宋代大儒苏东坡研创。我在本地川菜馆吃过这道菜，鳊鱼是红烧的，细品后，感觉鳊鱼在烧之前应该用油煎过，但觉得口味很一般，远没有川菜的那种泼辣劲。很多食物，离开了原先的地方，味就改变了。

心念鲶鱼

很多鱼有须，但像鲶鱼这样有长须的鱼不算多。鲶鱼有四须者和六须者，六须鲶口上二长须，口下四短须。六须鲶品种繁多，有的能长至五米，嘴中有细密的小齿，能吞食落水的小羊。

食肉特性让鲶鱼成名，经典理论“鲶鱼效应”即以之命名，挪威人爱吃鲜活的沙丁鱼，偏偏这种鱼捕获后，缺氧易死，有人想法在装沙丁鱼的鱼槽里放进一条鲶鱼，疲于奔命的沙丁鱼竟多数活了下来。这和螃蟹在运输中捆扎起来能存活的道理有些相似，只不过一个要折腾，一个要安静。

鲶鱼无鳞，周身有黏液，这使它看上去更滑。宰杀后的鲶鱼要反复用盐搓洗，才能去掉黏液。黏液去除不干净，鲶鱼入菜有土腥味。

吾地原来不流行吃鲶鱼，只有坐月子的妇女才会吃鲶鱼汤。鲶鱼汤盛上来不见碗底，白厚得很，能催奶。传闻有未曾怀孕的女子领养弃婴，喝了三五顿鲶鱼汤后竟也有了奶水，这应属于春秋笔法。

现在吃鲶鱼的人多了起来，烤鱼的流行，让鲶鱼价格水涨船高。烤鲶鱼，是把烤过的鲶鱼移到方盆里，放各式调料，倒入汤汁，添豆芽、香菜、土豆、豆腐等配菜煮着吃。烤过的鲶鱼肉，外表有些焦酥，内里却极嫩，嫩得像豆腐，因此在煮沸后要速吃，不然肉就散

连年有余

了。鲶鱼刺少，是“肉滚子”，喝酒的话，一条六七斤的烤鲶鱼两个汉子根本不够吃。

东北有俗语叫“鲶鱼炖茄子，撑死老爷子”，里面说的鲶鱼炖茄子是有名的东北炖菜，听说这道菜茄子吃起来像鲶鱼，鲶鱼吃起来像茄子。我看过写这道菜的文章，也看过制作这道菜的视频，对不对我的口味，需要日后尝试了才有发言权。

鲶鱼在国画里好画，也难画。好画是画它靠纯水墨，不费时间着色，一笔顺下来，再勾线描肚皮、绘胡须，点眼睛；说难画是画它时拉一根线，点一块墨，常人看画家画的简单，拿笔一试却不是那回事。手头的功夫，靠的全是长时间的苦练和积累！

画鲶鱼，很多画家喜题“丰年乐”“大年”“长年有余”等款，均取之谐音。

“鲶鱼”又写作“鲇鱼”，鲇、鲶拼音读音都一样。我倾向于写“鲶”，因为它能勾起我对鲶鱼美食的想念。

铜头鱼

汪曾祺在散文《故乡人》中写过铜头鱼，“这种鱼头部尖锐，颜色如新擦的黄铜，肉细味美，有的地方叫黄段”。需要补充的是，铜头鱼的黄铜色集中在头部腮帮子处，这“铜头”很硬，发起飙来的铜头鱼有导弹般的威力，会把鱼网冲破，甚至将船撞出洞来。只看它的学名“鳡鱼”，感觉不出它的威猛。

铜头鱼脾气烈，我以为和它的食性有关，水中的鱼类，它都吃，荤物吃多了要上火，人是这样，动物大概也如此。曾有乡人承包鱼塘，鱼苗投放的不少，产量却有限。拉网清塘时，才发现是一条一米多长的铜头鱼在“作怪”。

铜头鱼较少，命里注定该这样，它要是多了，江河、湖泊里的其他鱼怎么活？因稀少，铜头鱼就贵了。鱼市上的大个头铜头鱼，卖上千元很正常。

铜头鱼肉厚，肉质略有些柴。我们这边做铜头鱼之前，要把鱼身用盐“码”一遍，“码”过的铜头鱼红烧后，用筷子拨一块鱼肉，片片鱼肉状如白梅瓣，蘸些红酱汁，“白梅瓣”上立即镀上红日的光辉，吃口紧致、细嫩。

多年前在郊区吃过一道酸汤铜头鱼，菜的摆盘很考究，铜头鱼头高高昂起，剔除鱼肉的骨架周边整齐摆着十多枚铜头鱼制成的丸子，乳白的汤中还撒有酸菜丝、小米辣、香菜末。整体看上去像一帮布衣秀才在鼋头渚赏春，不时摇头晃脑吟几句风景诗，这诗是酸的，却酸得有意思，有情趣。落到眼里的秀丽之景，听到耳里的动听之语，是可以咀嚼的万般滋味。

世间有铜头鱼，还有铁头鱼，这是一种不足火柴棒长度的鱼，生存在温水中。都市的一些温泉会所饲养了铁头鱼，宾客泡脚时，它们会啄食人脚上的老皮，这也是一种肉食属性吧。

花鱼烧青菜

十多道菜上桌后，大家还留着肚子，葆有期待，为的是那一道花鱼烧青菜。

我估计花鱼烧青菜是红烧的；同桌的费老师没有吃过这道菜，但说到水乡以前的高规格宴席是少不了花鱼的；毛先生充满疑惑，认为青菜会不会裹上花鱼刺，吃起来不方便？翟总则在猜测这菜式有何与众不同……

你一言我一语间，终于等到了姗姗来迟的花鱼烧青菜。

切成滚刀块的鱼肉亮出洁白，似太湖石一样堆砌在大碗里，翠绿的青菜似大片青苔点缀其中，白色汤汁似一潭碧泓环绕周边。这是江南古典园林的微缩景致，诗情画意随着袅袅烟雾从中散发。

土产水鲜的结合让我迫不及待地夹起一块鱼肉品味起来，这是栖居在兴化水乡的花鱼，没有丝毫的土腥气，牙齿陷入鱼肉层次分明的肌理后，清甜的味道顺着牙尖传到整个味觉系统。再尝一口青菜，却是甘甜的口感，经历阵阵风霜的青菜奉献出自己本质的基因。泾渭分明的甜味纠结在一起，土产水鲜联袂在舌尖舞台上演了精彩大戏，它让一桌的食者提高了伸箸频率，这证明了它有着超高的人气。

这道菜中的花鱼，学名鲤鱼。鲤鱼跳龙门的寓意众人皆知，然水乡的花鱼没有雄心壮志，它们一代代在芦草荡中安居乐业。这并非是一种消沉，跃过龙门的鲤鱼，无疑会放弃淳朴的情怀，离民间远去。只有生活在广阔湖泊中的鲤鱼，方能与百姓搭有情感上的连线。东道主时主任介绍到，这道菜起源于放鸦人（鸬鹚捕鱼者），他们漂泊在水上，做饭不易，就发明了花鱼烧青菜这道菜，后此菜从水上传到陆地，成为了当地的名菜。

花鱼烧青菜是冬令菜，因为此时需要冬眠的花鱼养足了肥厚的身体，肉质变得紧实丰腴。做这道菜不算烦琐，煸炒后的花鱼放水、入盐，大火烧开，小火慢炖，至汤色浓稠后，倒入炒至八成熟的青菜，接着转大火烧沸后，撒胡椒粉，加蒜花，出锅。花鱼烧青菜，从字面上来看，不会觉得这是一道汤菜，这种俚语上的意趣增加了它的神秘气息，但在接触过后，我却感到无比的亲切，这是农耕文明中潺潺流淌的一股清流，它滋润着我们，感动着我们，让我们更有充足的理由在这方水土有滋有味地生活。

花鱼烧青菜这样的菜肴，如同市井中藏龙卧虎的高人，也许在不经意间，与我们相逢，与我们邂逅。饮食表面上满足了我们的口舌之欲，可当它搁置到历史文化长河之中时，又是如此的璀璨夺目，我等有缘人就这样汇聚到这光芒之中，寻凡的一饮一啄，由此丰富多彩。

果真好

西瓜记

题目也可写作《记西瓜》，记述我印象里的西瓜。

“记”在后显严谨;“记”在前略散漫，两名看上去有所区分，内核却大致相同，如文学和生活的关系。

西瓜不只西面有，暑热天的集市上，东南西北方位都有西瓜售卖，或板车，或三轮车，或卡车，车上西瓜左右挨着，上下堆着，一片青绿，绵延起伏。在瓜“山”面前，往往会放置一剖开的西瓜，红瓤黑子，很是诱人。一些车上还会放置一电动喇叭，一阵阵地发出叫卖之声，声音当中多能听到“包熟包甜”。

买瓜者从中挑起一只西瓜，用手指在瓜上轻弹几下，发清脆音为生瓜，发沉闷音为熟瓜。这方法不可能百分百的灵验，于是，有买瓜者便要求当场验瓜，一刀“咔嚓”下去，红瓤白瓤，立见分晓。有更细心的妇人，觉得瓜熟不见得甜，故要求卖瓜人用小刀在西瓜上剜出一个连皮带瓤的三角块出来，给旁边的孩子吃一口，听到说“甜”后，满意掏钱。

没有西瓜的集市，似乎就少了市井气；没有西瓜的夏天，似乎就少了凉爽气，岁月里也就会失去很多乐趣。

冰箱、空调还未普及的时候，西瓜绝对是抗暑的“法宝”。中午买一只西瓜，浸泡在井水中，晚饭后，洗完澡，取出西瓜，一刀切成两半。再到屋外放置一凉匾，坐在里面，取一半西瓜，用勺子挖着吃。嘴里甜丝丝的，喉咙里湿润润的，轻柔的凉风从脚板升起，冲挤出积聚在体内的暑气。西瓜浸井水后食用古来有之，明人张宗子《陶庵梦忆》中有“乌龙井水，水凉冽激齿。下午着人投西瓜浸之，夜剖

吃瓜群众

食，寒栗逼人，可雠三伏”。

张宗子的文字，精简得像是无籽西瓜，内中绝不会有多余一字，这是功力，这是气度，这是穿越古今的经典，以阅读的形式缓缓汇入我们的精神河流，灌溉着我们干涸的心田。

近来西瓜多见，井已难觅，只好把西瓜放冰箱里存放后食用。父亲喜欢以冷藏后的西瓜下酒，瓜切开后，撒一把白糖，白公子牵手红小姐，在绿树围成的环形墙里私会拥抱。挖一口西瓜，喝一口酒，高度白酒似乎成了米甜酒，甜牵着蜜自口入腹，生活处处甜蜜蜜。

西瓜很少拿来做菜肴，我吃过唯一西瓜菜是西瓜排骨盅，拳头大小的西瓜，瓜皮上雕刻着福禄寿喜等字，挖空瓜瓤的瓜内放着排骨、虫草参、枸杞炖成的汤品，端起来，轻抿一口，醇厚的荤香里有西瓜微微的香，宛如混沌夜色中的一轮皎月，照亮了味觉的一片光明。

西瓜里蕴含真知，需有心人打捞。历史上有“西瓜联”，为——坐南朝北吃西瓜，皮向东甩；自上而下读左传，书往右翻。

作者传为宋名士苏东坡或明才子解缙，具体是谁，有待考证。

甘蔗印记

秋冬季节，甘蔗上市了，一根根地竖在水果店门口，似有少林寺冷兵器工厂的错觉。只是近几年市面上多为带有白霜的紫皮甘蔗，那种仿如竹竿的青皮甘蔗倒是不见了。询问店家，说青皮甘蔗更适合制糖，基本上为糖厂大宗采购。

我挑了两根，递给店家，他拿起刨刀，熟练地将之劈成两段，接着又削去甘蔗的外皮，很快，甘蔗就露出了黄白的内色。最后，店家还指了指店堂里的电动甘蔗机，告知还可免费榨甘蔗汁。

这种卖法和我儿时迥然有异。当时卖甘蔗的不会卖甘蔗汁，卖甘蔗汁的不会卖甘蔗。甘蔗很多是从水路运来的，卖甘蔗者把船停靠在河岸边，放下一块踏板搭到岸上，买者就踩着踏板上船买甘蔗。卖甘蔗汁者，用的还是手摇甘蔗机，他们多集中在澡堂子门口，泡澡泡得口干舌燥的人，常会买甘蔗汁解渴。

以前我家很少在外面买甘蔗汁，想喝了，就用祖传的那柞榛木的小甘蔗凳自己榨，甘蔗凳有点像玩具木马，顶部凳面上有凹下去的圆形状槽口，再前方伸出一段如鸟嘴般的流口，流口内有与圆槽相连的竖槽，两者中间设有高出来的横档。使用时，把削皮切块的甘蔗放于圆槽口，用配套的带有把手的圆形榨汁板盖上去，往下一压，甘蔗汁如山泉汩汩流出。

甘蔗汁喝起来畅爽，甘蔗酒喝起来后劲足，“世界甘蔗园”古巴的著名特产朗姆酒，即是以甘蔗作为原料的甘蔗蜜酿造，是旧时加勒比海海盗的爱物。我喝过一次朗姆酒，产地是乌克兰，我没有细究标签上的洋文，不知含不含有甘蔗蜜的成分。

咀嚼甘蔗，靠牙齿先“压榨”汁水，再供味蕾“品鉴”，甘蔗两梢部分不甜，中部滋味鲜甜，看似平直的一杆，甜度却有波澜起伏，由平淡至高潮，再至结局，充满戏剧性。《世说新语》载东晋画家顾恺之吃甘蔗，先食尾，有人问他何故，他回答“渐至佳境”。这与宋儒范仲淹的“先忧后乐”思想似乎如出一辙。饮食之味，体现着哲学之道。

女作家安妮宝贝有段借甘蔗形容男女关系的评论颇妙，她说，“男女之间，若只以好奇和欲望来做动力，一旦占有或产生厌倦之心，关系就失去行进的动力。如同被嚼过的甘蔗渣滓，榨取完尽甜美可见的汁液，只能被丢弃。所以人常说，分手之后，相见不如怀念”。

失了汁水的甘蔗渣，可废物利用。开家具厂的朋友老黄去年送了我一张桌子，重量很轻，老黄告诉我桌子板材是用甘蔗渣冷压固化后制成，因价廉物美，卖得很火。

好柿如意

柿子生得个好名字，它谐音“事”，故史上很多画家画它，画两只柿子，再题个“好事成双”“事事如意”的款识，挂在家里很顺遂。倘若柿子画多了，就题“万事如意”，一样招人欢喜。

画上的柿子往往比真柿子价值高，这在绘画中很正常，就像齐白石的虾、徐悲鸿的马、李可染的牛、黄胄的驴，都比实物贵很多。生活中的柿子虽不贵，但有富贵气，它丰润圆硕，红艳似火，寓意事业旺盛发达。

柿子熟于秋季，一个个柿子挂在只剩少许枯叶的枝头上，近看像一盏盏灯笼，远望像一朵朵红花，它们让我想到了一个词语——花花果果。我在写下这四个字的时候，突然觉得它们就是一个个小小的生命，它们在凉风当中露出热情的笑容，驱散了关注者心灵上的冷寂。

晴天的时候，阳光披洒在柿子上，这灯笼愈发明亮了，但鸟雀并不珍惜这风景，它们竞相啄食柿子。这时人们会摘下大多数的柿子，留少许供鸟雀食用，毕竟它们还担负着给柿子治虫的工作。

在采摘的柿子里，总会有部分尚未熟透，入口极涩。这时可以把它们放入米坛中，埋到米中，不久后，它就熟了，拿在手上，软软的，剥开柿子皮，揭去柿蒂，送到嘴边，轻轻咬两下，再吸上几口，

事事如意

柿子连肉带汁就到了嘴里，清凉、甜蜜、滑润的感觉交织而来。有时吃柿子至尾声，还会发现里面有腰子形的柿核，其被橘红色透明状的柿子果肉包裹，宛如深海鱼类的眼睛。

吃柿子，柿核和柿蒂会被舍弃，殊不知两者皆是好药材，柿蒂可用于治疗伤寒呕吐、咳逆、血淋、百日咳等疾病。明代太医龚延贤遇到一吃东西就拉肚子的患者，把红柿子的生核，纸包水湿，炭火烧熟后给患者食用，吃了三四个就好了。

柿子能干吃，干吃的柿子叫柿饼，甜蜜胜鲜柿子一筹。它是柿子去皮后经过日晒、封缸后加工的食品，柿饼扁平，像是百年庙宇大殿木柱底部的石础，上面布满白粉状的柿霜，这不是过度化妆的效果，而是糖分蒸发和凝结的产物。

老人言，柿子不可与螃蟹同食。吾小弟不以为然，某日备上两物食用，结果平安无事。他在我眼里，差不多就是鲁迅所赞赏的第一个吃螃蟹的人，为吃拼搏的人若不是勇士，至少也是猛男。

桑葚

乡人的房屋周围是见不到桑树的，盖因桑谐音“丧”，不吉利。桑树往往种植在路旁、桥畔、田边等处。我家旧宅附近的茅房对面有一桑树，主干有锅口那般粗，很多次，我看到孩子们用长竹竿在树下“敲”桑叶。孩子们养蚕不图为家里增加营收，而是享受乐趣。

靠着天落水西斜阳，桑树暗地增长年轮。暮春之日，桑树的几个枝头上冒出绿色的棒状小花，像是袖珍版的毛掸子，紧接着所有枝头上都有了“毛掸子”，在同色的叶片中，它们不太惹眼，亦不惹蝶——它们的香味太淡了。

不长的时间，紫的、红的、青的、半紫半红的、半红半青的桑葚取代了“毛掸子”。桑葚是碎碎叨叨的小颗粒组成的长圆形果子，想统计出小颗粒的数量很难，实在理不清头绪。“五世同堂”的桑葚热闹地开在树上，鸟雀也来光顾了，主要是麻雀，啄食桑葚过后，还不忘叽叽喳喳地叫着，似乎要把桑树长期清冷的时光填满。我们这边少见的喜鹊这时也“稀客登门”了，它们“欺熟不欺生”，专挑紫色的大桑葚啄食，可怜的桑葚被喜鹊啄食得千疮百孔，有些似乎不想让喜鹊“凌辱”的桑葚便刚烈地跃下“神坛”，化作一腔紫水融入大地。

甜美多汁的桑葚是孩子们口中的“桑枣儿”，我也曾顺着胆大的孩子爬到桑树上，坐在粗壮的树干上，采摘桑葚吃。后来大人知道了，就和我说，桑枣儿不卫生，因为毒蛇爬到树上，会把一枚枚桑葚含到嘴里，用蛇信子舔一遍，再吐出来。听了这话，我心生寒意，以后就很少吃桑葚了。刚参加工作的时候，我去扬州凤凰岛游览，看到同行的孩子欢快地采摘桑葚，一把一把地扔到口中吃，直至吃的嘴巴周围留下一圈紫色的印记，此景不禁让我恍然，我的童年里，丢失了多少快活的果实呢?

现今城市里桑树少了，桑葚却多见，四五月份的时候，每家水果店能看到，网上也有的卖。有一次，我在网上买枸杞干，店家竟送了两小罐桑葚干，干嚼时尚有一丝甜味，但泡水后再吃，甜味全无。环境改变着它的本质。

五年前，参加一社团组织的新疆游，到吐鲁番时，见沿途有小贩售卖桑葚，桑葚放在竹编的小筐里，紫得发亮，许是日照充足的缘故，每一枚桑葚皆大如成人拇指。小贩反复强调桑葚的补肾的功效。随行一对夫妻中的妻子立即买了四五筐，给身边谢顶的丈夫食用，丈夫眉开眼笑地取食着桑葚，还不时偷望着妻子。我心中不由一乐，口占打油两句，“桑葚不伤肾，吃它更痴她”。

荔枝

绿叶簇拥着一枚枚饱满红润的荔枝，挂结在枝头上。我欲上前采摘荔枝，却不料被一层玻璃阻隔。这是博物馆展陈的晚清《顺利图》，有落款却查不到名头，属佚名作品，然却画得鲜活生动，水平绝不亚于当下的名画家。

画中的荔枝，或圆形，或椭圆形，两种形状均是由一个个曙红色的小圆圈组成，好像很好画。回去我对着手机拍摄的图片，临摹了很多次，就是画不出这个样子，看似简易的东西，很多是简单而不容易。

荔枝入我的画难，入我的嘴易。上个月，我和朋友吃着刚上市的荔枝，喝着茶，漫无边际地闲聊，那天由荔枝说到了利智——这个和荔枝谐音的女子，肌肤白里透红，宛如荔枝般美丽。她早年当选为亚洲小姐，后嫁给功夫巨星李连杰，算是郎才女貌的姻缘了。

史上和荔枝产生关联的最有名的女人是杨玉环，这位唐明皇的宠妃，嗜食荔枝，为满足她的偏好，唐明皇命人快马加鞭，从岭南运送荔枝到长安城，搞得民怨沸腾，当时的诗人杜牧有诗评判为“一骑红尘妃子笑，无人知是荔枝来”，杨贵妃最终也落得悲惨下场。可称得上妃子笑了，百姓苦了；妃子苦了，百姓笑了。

后来翻书时，我得知杨贵妃不是吃贡品荔枝的始作俑者，晋代嵇含所著《南方草木状》中就已记载了岭南当时向朝廷进贡荔枝，以致

“邮传者疲毙于道，极为生民之患”。这一类“殃及性命”的荔枝，享用它真损德。

由杨贵妃吃荔枝的典故，产生了一种叫作“妃子笑”的荔枝品种，其分布在两广地区，外壳青红相间，肉厚壳小，甜中隐含着一丝不易察觉的酸，这是它的独到之处。

荔枝品种有二百多种，不同的荔枝有不同的甜味，我虽没有尝过几种，但我感到它的名字大多都好听，三月红、状元香、白糖罂、糯米糍、钦州红、元红、兰竹、陈紫……这些名字像是才子佳人题材的小说名，有心的写手不妨从中择选一二，说不定能就此创作出经典名作。

荔枝清甜多汁，却可成为“干柴”，多食后会上火。但人体本非“烈火”之躯，一切还需自己把控。浅尝辄止，品美味，得健康，何乐不为?

香瓜

香瓜是夏天上市的。清晨，香瓜从菜田里转到集市上后，瓜皮上还挂着露珠。捧一个在手，手心都是沁凉的。香瓜，是夏天的吃食。

香是对食物气息最精简的赞美，装点到名字里，食物颇为喜人，若嵌在人物名称中，亦同样讨喜，就像可以吸引蝴蝶环顾的美女香妃，集乾隆帝万千宠爱于一身。名中含香加上本质有香，才是表里如一。

香瓜的香，清新，却悠远。周作人曾买了两只香瓜搁在屋内，写字时却不时闻到阵阵的香气，惹得他花费了一些时光去看香瓜。这绝不是周作人定力不够，而是反映了这位大作家天真的一面。

嗅觉辨析后的瓜是香的，味觉体悟后的瓜是甜的，所以香瓜还称甜瓜。我自小喜食香瓜，以前成人拳头大的香瓜能吃上五六只。开香瓜我不用刀，拍几下后，直接掰成两半吃。吃香瓜我不仅连皮吃，包裹着水滴型小种子的瓜瓤我也吃，我觉得它比瓜肉还要香甜。要是舍弃到墙角，很快就能招惹一些苍蝇光顾，不想便宜这害虫。

按我所见，有圆香瓜和长香瓜两种，长香瓜是近年来才见到的外埠品种，名为“羊角蜜”。圆香瓜是本地一贯的农产品，分青、黄两色。青瓜口感酥脆，故称“酥瓜”；黄瓜甜度不及青瓜，因瓜肉绵软烂，被称为“泥瓜”，泥瓜还有一形象化的俗名“奶奶哼”，意指牙齿松落的老太都喜欢吃，在嘴里慢慢地磨咽，吃得兴奋起来还要哼上几声。“奶奶哼”老的喜欢、小的也喜欢，年轻后生和牙没长几颗的小伢子都爱吃。

昔日暑假时，母亲常带我去家门口的菜场买菜。菜场沿河岸设立，有农人拉着一船的香瓜或西瓜在船上叫卖，他们懒得下船，购买者往往踩着踏板上船选瓜。空气中，弥漫着瓜香和其他蔬果、家禽、鱼虾等混合在一起的味道，这是让人感到亲切的市井味道，它潜移默化地渗透到千家万户的生活当中。

香瓜约是在春秋时期之前进入中土的，它是比较好种的作物，能适应南北方多数地区土壤，最快不到百天即可收获。我见一本晚清的手抄本上记载有香瓜，说其需“点种”，就是要相隔一段距离挖坑种植。看得出香瓜喜欢宽敞的居住环境。

中间瓜脐凹下去的香瓜，味道会更为香甜。这是挑香瓜的秘诀，我在此列出，权当给这篇文字增加个看点。

苹果

沈从文说昔日徐志摩上课时，带了一个很大的烟台苹果，边讲边吃。这段回忆反映了时风的自由，放到现在，这几乎是不可想象的事情。

沈从文还谈到徐志摩吃着苹果，还对学生说，“中国东西并不都比外国的差，烟台苹果就很好!”但可以再补充个说法，中国的诗人并不都比外国的差，徐志摩就很好。这话当然不能经徐志摩之口说出，如此就显得不够谦虚了。

苹果是我印象里最常见的水果了，我在乡下见过苹果树，也在书本上了解过苹果。它是蔷薇科落叶乔木，叶椭圆形，有锯齿，花白微红，果实圆形。苹果原产于欧洲和中亚细亚，清道光时传入中国。早已遍布神州的苹果在我心里，大概就是有着异域风情的混血美女，它让我倾慕、痴迷，促使我在文字中记下它的卓越风姿。

我用文字记苹果，有人却把文字比苹果。俄国作家巴乌斯托夫斯基说，“真正的散文都饱含着诗意，犹如苹果饱含着汁液”，这是一家之言，也是肺腑之言，蘸满苹果汁的文字必然生动鲜活。

苹果四季皆有，大众皆食，小儿喜欢在洗澡后吃苹果，连皮直接啃食，红通通的圆脑袋衬着圆滚滚的红苹果，看上去真有几分可爱劲。

苹果皮含有膳食纤维、抗氧化剂等有益人体的营养成分，可多数人吃苹果时还是要削皮的，削皮后的苹果要速吃速决，搁置数分钟后，苹果上会生出红褐色的锈斑，虽“锈”色可餐，然味道上总觉得缺了新鲜，打了折扣。

平安

苹果是个大家族，有上百种之多。记得幼时吃的最多的是“国光”苹果，这个名字之所以忘不了的，因为当时能与嘴沾边的还有上海“国光”牌口琴，小学音乐老师让买来练习的。“国光”苹果黄绿色中泛着红，口感清脆，甜中含酸。而酸是它的优点，让它没有一味地甜腻过头，成为傻白甜。记得不久前一好友给我看一熟悉书家的作品，我回答说，字不如之前雄健了，太甜了，甜得有些圆滑世故，这主要是书家现在身居要职的缘故吧。所以我私下建议，这位书家可在墨中加醋中和一下，可能书风会有所改观。

苹果可入菜，做的最多的是拔丝苹果，苹果切块裹上面糊油炸，浇上熬热的糖汁即成。凝固的糖丝粘挂在“着黄袍”的苹果之上，盘中俨然已有大富贵。或因人至中年的缘故，我对拔丝苹果一类的甜食没有了兴趣，纵然是名厨烹饪，也绝对不会染指。

德国文艺复兴时期的画家丢勒的名画《亚当与夏娃》中，伊甸园“知善恶树”上结的“禁果”就是苹果。据说上帝在创造了人类始祖亚当和夏娃后，把他们安置在伊甸园，让他们不要取禁果食用，但夏娃还是受蛇的诱惑，和亚当一起吃了禁果，以致最终被驱逐出伊甸园。其实苹果有何必要“禁”？所禁的该是人的欲望。

桂圆

桂圆之“圆”是指其成熟的果实为圆形。关于“桂”之由来，一说法认为其在桂花飘香之际结果。另一说法觉得桂地广西是其主产区。无论是节气角度，还是地理概念，皆赋予了桂圆传奇色彩。

桂圆还有别称“龙眼”，以神兽器官定名，看似写实，然却是想象，毕竟谁都没有见过龙。深层次地想，桂圆外表呈土黄色，与威武雄健的龙很难扯上关系，倒是桂圆的核乌黑发亮，将之形容为龙眼相对贴切。

小时候，只见过桂圆干。逢到节日，会有客人探望祖父母，他们的礼物当中，多是有桂圆干的，我常抓一把桂圆干偷偷放到口袋中，时不时取出剥食。而祖父母更喜欢用桂圆干泡茶喝。搁到水中的桂圆干会散出褐色的汁液。泡上几遍后，桂圆干膨胀变大，捞起来再吃，其口感不如之前的香甜。

大人不让小孩多食桂圆干，说吃多了“火大”，但过年时是要吃的，大年初一，眼一睁开，枕头旁边是有桂圆干、金橘、糖果等甜食的，大概是让小孩子“嘴甜”不乱说。当时的桂圆干多产自福建兴化——这是包装袋上的信息，因与吾祖籍地江苏兴化同名，这让我一时很感兴趣，甚至想到了要去那边看看，惜因琐事缠绕，这个想法还未实现。

也就近几年，鲜桂圆大量地出现本地，秋冬季节的水果店都有，多来自两广地区，少部分来自遥远的泰国、越南，顶峰时价格不过十来元一斤，价廉并不表明品质打了折扣，而是显示了远方的距离越来越近。

我喜在晴天边看书边喝茶边吃桂圆。沉浸在午后的阳光下，喝一口刚泡的高山绿茶，拾一粒桂圆，剥去大半的皮，把月白色的桂圆挤进嘴中，一抿一嘬间，吐出果核，留下鲜甜滑润的果肉，慢慢消磨之时，拿起一本郁达夫《闲书》一类的闲书。读闲书，喝闲茶，吃鲜果，这一刻仿佛时光倒流，生命在凡间有了更长情地驻足。

我吃过多吃桂圆干、鲜桂圆，但至今没见过桂圆树，这似乎好像也没什么，就像吃鸡蛋，何必要去认识下蛋的母鸡呢？我在一本介绍粤菜的书中看过古井烧鹅要以桂圆的树枝为燃材烧烤，这样的鹅烧成后会带有果香味。一次吃烤鸭时，我把这段内容“搬”来讲给同桌人听，想不到那天大伙胃口出奇地好，复又点了半只烤鸭。

榴莲

榴莲味极重，如果失了这味，它就没有了个性，丧失了自我，泯灭于泱泱世界之中。

榴莲具有开发成武器的潜质，据说早年曾有七名意大利人游览香港旺角，看有人围着买东西，就上前瞧个究竟，结果一闻到榴莲，七人中，晕倒六人，而一旁的本地人，还在兴冲冲地在吃榴莲。

有人甘之如饴，有人掩鼻远离，榴莲之味实则是玩味，逐字解释，就是玩弄人的味道。榴莲之味高深莫测，似乎是乞丐群中浑身跳蚤臭虫爬行的老人，当他亮出打狗棍法，才会发现这是丐帮帮主。

泰国是榴莲的种植大国，很多人提到泰国，会想到人妖，人妖有变态的美，榴莲有异常的香，它的外壳尖刺突兀，像是男儿身，内层有软糯的黄色果肉，这是女儿心，生命中展示出的多样性充实了世俗的风俗场景。然而，矛盾体中却凝滞着一丝无奈与伤感。

水果店的榴莲多是剥开了卖，因为它的壳太占重量。开壳后的榴莲里里面有数个隔挡，隔挡里有白色的瓤，瓤中裹着果肉，肉内有核。绕开味道不谈，它的果肉甜美醇厚，吃多了，会觉得舌面甜的发腻，但吃习惯了，怎么吃也不腻，嘴里呼出的气味不如吃大蒜后那么冲。

富含蛋白蛋和脂类的榴莲是大补物，民间有“一个榴莲顶三只鸡”的说法，以价格论，三只散养老母鸡价格肯定超过榴莲，但两只可能比不过，榴莲是很金贵的水果。很多家庭是买小盒装的榴莲果肉，这样经济上不吃重。

与鸡搭档后，榴莲就光荣地从水果转变成配菜。将榴莲果肉和老母鸡一同放砂锅里，置在小炭炉上慢慢地煨，接近尾声时，再撒一把枸杞。喝一口透亮的榴莲鸡汤，吃一块脱骨软烂的鸡肉，再吃一口粉腻如芋的榴莲，薄淡的汤气从碗中兀自漫起，整个脸面都能感觉到这份热情。

听人说，在榴莲鸡汤里再放上榴莲瓤、榴莲核，味道更胜一筹。但榴莲核要煮后取出，这似乎和老牌美食作家唐鲁孙所说的腌若干金华火腿时，放一根狗腿的道理相似。榴莲核起到的也只是媒介作用。

榴莲是重口味，入菜后却是小清新，像是明画家唐伯虎、仇十洲笔下的暗春宫，主题风流，立意含蓄，以形神凸显心中兴奋。欲说还休的表达，是观者心中意犹未尽的味道。

不分梨

晚明紫砂名家惠孟臣的梨式壶很有名，在他身后，各时代都有托其名的仿品，时至今日，坊间所见清仿孟臣款梨式壶也是价值不菲。古今可见、四处可寻的梨一旦化作艺术精品，价值就会翻上几个跟头。

梨香脆清甜，没几个人不爱吃的，小孩对梨的印象很多来自课本中的《孔融让梨》，说的是东汉名士孔融四岁时，让大个的梨给哥哥吃的故事。孔融其实不是让梨，而是弘扬仁孝。古也好，今也罢，公序良俗，应当遵守。

鸭梨、皇冠梨、水晶梨、雪花梨、宝珠梨、香梨……梨是大家族，不同的梨有不同的形态，有不同的产地，“梨”很好地解释了地大物博。近来单位发福利，发了两箱库尔勒香梨，其黄里透红，细嫩多汁，口感甜美，惜个头只有鸭蛋般大小，吃两三个都不解馋。

有的梨园不种梨，只唱戏，“梨园”亦是戏曲业的雅称。传统职业有一些这样的称谓，如把中医界称作“杏林”，把教师界称为“杏坛”。我地是梅兰芳的家乡，这位著名的梨园子弟有个绝招保养肺部，他每晚休息前，会在舌头上放一片薄薄的梨，次日取出时，梨片一般是黑色的。故事真假，我不知道，因为人一有名，就会有了传说。我曾经想这么试验一下，但一直未付诸行动。

今年春上，儿子受了风寒咳嗽，母亲给他做了冰糖雪梨，梨削皮，挖去中间果核，放入冰糖，隔水上蒸锅，炖到融化时食用，吃了三五顿竟也没事了。

那年在常州，朋友带我去品梨膏糖，味道没有想象中那么出彩，倒是卖梨膏糖时的说唱吸引了我，记得有“梨膏糖，甜糯香，初到宝地借个光”之句。听介绍，以前摆摊卖梨膏糖叫“文卖”；流动说唱卖梨膏糖叫“武卖”，亦写作“小热昏”，这是顾客听了头脑发热发昏买产品的意思？后得非遗文化学者张文指教，我才知“热昏”是吴语，意指发高烧的人头昏脑涨乱说话。卖梨膏糖者是整日瞎说的小人物，故作“小热昏”。

木材中的“梨”很上档次，如花梨、铁梨，最珍贵的是黄花梨，以海南产的为佳，简称“海黄”，明清时大量使用，几近绝迹。朋友秦生家里原有海黄桌一张，系他祖父解放初期在旧货市场购得，放在老房内，引得不少人眼馋，某夜，竟被一帮人偷出，奈何巷子太窄，

此情绵绵

运不走，这帮人只得怏怏离去。事后，秦生家人用铁链把桌子锁住。二十年前，秦生家老房拆迁，小桌以数十万卖给本城一做服装的大佬，大佬视若拱璧，有行家出价大几百万而不售。

吃梨不作兴分食，“分梨”谐音“分离”，不讨口彩。其实“分”可以，“离”不必，分开就是为了更好的团聚，久别重逢就如雨后甘霖，冲洗出一片新绿，让人觉得一切都是喜滋滋的新景。

葡萄

吃不到葡萄说葡萄酸。这是出自《伊索寓言》中的谚语，说是狐狸想吃葡萄，却由于葡萄树太高吃不到，就说葡萄是酸的不好吃。钱锺书该是知道这个寓言的，他借助小说《围城》阐述了个人观点，“我们对采摘不到的葡萄，不但想象它酸，也很可能想象它是分外地甜”。

葡萄确实有一点酸的，但其酸更像是甜言蜜语的句号，能恰到好处的收住。葡萄制成葡萄干后，就不酸了，酸味大概是加工时随风而去了。

包括鄙地，很多地方产葡萄，但尝来尝去，还是觉得新疆的葡萄好。新疆葡萄甲天下，吐鲁番葡萄甲新疆，吐鲁番的葡萄皮子薄、汁水多，和新疆的和田玉一样显大名，和田玉中还有一种与紫葡萄颜色相似的紫玉，皮色好，水头足，出产极少。

紫色是葡萄的主色。民国时期，上海滩曾有风靡一时的《紫葡萄》，这是由鸳鸯蝴蝶派代表人物周瘦鹃主编的画报。鸳鸯蝴蝶派文人对“紫葡萄”似乎情有独钟，后又以《紫葡萄》为题出版了小说合集。紫葡萄好看，但绿葡萄、青葡萄、黄葡萄、红葡萄、黑葡萄也好看，把它们放一起，会更美丽。

古典诗词、小说里经常有葡萄出现。王翰《凉州词》中的“葡萄美酒夜光杯”让我一直记得；《金瓶梅》里西门家葡萄架下的香艳情节让我难以遗忘，书中交代这葡萄“乃西域移来之种”，这相当从深山老林移栽了一棵百年古树种庭院里，所费必定高昂。

葡萄酸甜而外，还含有一点涩味，涩味主要集中在葡萄皮上，涩能生苦，所以吃葡萄的人大多会吐葡萄皮。吃葡萄不吐葡萄皮亦可，这是因为葡萄皮中含有对人体有益的花青素。嘴巴虽挑剔，但身体也重要，美味和健康面前，有时必须要作一个选择。

明代大画家徐渭喜画葡萄，其笔下葡萄以纯水墨造就，错落低垂的老藤上，稀疏地挂着一两串葡萄，果实以淡墨点表现，连接枝头的果蒂则以浓墨一点而成。徐渭所绘的葡萄虽不饱满，但却有洒脱气、孤傲气、清冷气、野逸气。如此说，不是说画面是徐渭的“出气筒”，而是说他的作品气势贯通，生动流清。

在一幅葡萄画上，徐渭题诗中有这么两句，“笔底明珠无处卖，闲抛闲掷野藤中”。如明珠般的葡萄画作没地方卖，只好把它抛掷到野藤当中。像徐渭这样命运多舛的才子古今不计其数，他们抱负无处施展，养家难以糊口，只得用笔墨来寄托浮生。

近人画葡萄得名者有苏葆桢，画的极相似，但过于生活化。徐渭高明之处在于既写葡萄也写自己，表面是哀叹不济的命运，实则是狂禅般的呐喊，这是艺术史上痛彻心扉的绝唱。

夏日里，大小不一、晶莹剔透的葡萄结在缀满绿叶的藤枝上，以青绿的身躯支撑起一片阴凉。天黑后，在葡萄藤下摊一块草席，坐于其上，透过藤蔓间隙看满天的繁星，想起顾城的诗——

我总觉得
星星曾生长在一起
像一串绿葡萄
因为天体的转动
滚落到四方……

石榴

石榴我吃得少，不是不喜欢，而是觉得它“肉头”少，它的子粒看上去多，可每颗子粒上只包了一层薄果肉，一大把的子粒吃嘴里，牙齿“压榨”出的汁水也是有限的，吃起来不够畅爽。不像无子西瓜，劈开后用勺子挖着吃，特过瘾。

感觉观石榴比吃石榴更有妙趣。前几日，我去南山寺果愿师傅那里喝茶，看茶台上，竟放着几只焦枯的石榴果，与周边的佛手、香橼放在一起，特别有禅意，养眼。忍不住拿起把玩，褐色的石榴手感虽轻实，却有厚重的沧桑感。

石榴有“榴开百子”“多子多福”的寓意，它在古代很“红”，特别是明清瓷器，石榴是经常出现的饰物。同时，石榴还作为一种样式运用到瓷器上，以之形象为蓝本制作的石榴尊很受文人墨客欢迎。故宫就藏有一件明洪武釉里红四季花卉纹石榴尊，为当时宫廷御用。

石榴在我们这地方主要是用来观赏的，记得我上的幼儿园走廊前是有两棵石榴树的，园里老师曾摘下来给小朋友品尝，具体是什么味道记不清了，但应该不是很甜，否则不至于一点印象没有。我姑父家里院子里，有一石榴盆景，种植修整多年，其老桩根系绞绕蜿蜒，像是苍龙欲冲上云际，枝干上有细长的叶片，随着生长周期，或开红花，或结红果，石榴的果实，口子朝下结着，像是去除了须子的红灯笼。

明人徐青藤画石榴，也写石榴诗，有一首题在《榴实图》上的诗很有名，高寿画家刘海粟画石榴时曾引用过。起笔是“山深熟石榴”，交代画中表现的是深山中的野石榴，因为没人采摘，这首诗的最后一句是“颗颗明珠走”，句中“走”字运用的极好，整首诗都活了。绘画是诗书画印的结合，就学养方面，现在的画家能有几人达到徐青藤这样？现在有些画家画石榴要么题“百子图”，要么只落个穷款，实在庸俗无趣得很。

吃石榴可不吐石榴子。我喝过阿塞拜疆的压榨石榴汁，近日又吃到了突尼斯的软子石榴，子可食用，入口有轻微糙感，有少许的涩味，但整体清甜多汁，缺点只是隐隐地迸发。如果其光是一味的清甜，滋味就寡淡了。味道互为对抗，气息互相冲撞才能形成好滋味，换个平和的说法，就是好滋味一定要有中和与交融。

郭沫若写过一篇《石榴》，里面说“石榴有梅树的枝干，有杨柳的叶片，奇崛而不枯瘠，清新而不柔媚，这风度着实兼备了杨柳之长，而舍去了杨柳之短”。文字里有傲血，有铁骨，豪迈纵横行间。但可惜这样的气质未能伴随作者一生。

枇杷

古代写枇杷的诗文不少，印象较深的是明代归有光那句，“庭有枇杷树，吾妻死之年所手植也，今已亭亭如盖矣”。句中没有煽情的词语，读来却让人感动，这真是千古妙文。

归有光种植枇杷树的项脊轩，已湮没于滚滚红尘，如果还在的话，定会和目睹陆游、唐婉爱情的沈园、亲历冒辟疆、董小宛情事的水绘园一样，成为有名的爱情景点。我想象，在那棵枇杷树上，不仅会挂着浑圆饱满的枇杷，还会有情侣们所挂的红丝带，他们把爱情交由古树见证。

黄灿灿的枇杷，似乎给爱情增加了富贵气。但要命的是现在富贵气太盛，爱情被遮盖住了，以致富贵不来，爱只是死去活来。当然这是一句闲话，与枇杷无关。

言归正传。枇杷外皮果肉皆是黄色，刚摘下来的枇杷皮上附有绒毛，“毛线衣”能锁住枇杷的新鲜。

我乡所种枇杷，个头小，不甜不酸，味淡，用白糖腌了吃味才好。而与我乡相隔近二百公里的东山枇杷，却极有名，我在朋友张南那里品尝过，酸甜多汁，那天我一下子吃了十多枚，指间都是黏黏的。汪曾祺宣扬过的白沙枇杷，其原产于浙江余杭，近年来多地均有种植，我吃过几次白沙枇杷，但印象不太深。

“枇杷”和“琵琶”读音相同，因此“枇杷”读出来有音律之美。枇杷的绿叶和琵琶形状相似，幼时，我曾为这个发现而惊喜，请一个要好的同学吃了两袋无花果丝来庆祝。师友舍尘藏有一块黄花梨琵琶面板，是在老夏的古玩店淘买的，琵琶的面子黄如枇杷色。

以前还能吃到枇杷罐头，那时只要一生病，就有枇杷罐头吃。曾愚笨地想多生病，这样不但能吃到罐头，还能不用上学。那时的水果罐头仅橘子和枇杷两种，不像现在有各式各样的水果罐头。

枇杷秋日出蕾，冬日开花，春日结子，夏日挂果，古人称作“果中独备四时之气者”。但亦有例外，如云南蒙自枇杷为开春上市。

画家吴昌硕画枇杷甚多，其题画诗中有“鸟疑金弹不敢啄，忍饥向东林间飞”之句，文句牵强，鸟雀没这样的“疑心病”，因为我房前的枇杷结果后，常被鸟雀啄食。生活的常识对画家很重要，就像宋杜处士收藏的大画家戴嵩的斗牛图，画中的牛摇着尾巴，与牛争斗时尾夹在两腿间的事实有异。

齐白石画枇杷，常以蚱蜢配景，蚱蜢微红色，而非绿色，符合夏天果园里的特征。就以观察的敏锐性而言，齐白石胜吴昌硕一筹。

调味集

花椒

翻读古籍，泛黄的书页里跳出“椒房”两个字，联系文意，我又想到了明正德皇帝的豹房，查了资料，了解到椒房要比豹房文雅，它指的是西汉后妃居住的房屋，因房屋墙壁以掺入花椒的泥料粉刷，故名。据说有花椒装饰的房屋温暖而有香气。如果现恢复出花椒涂料，定也是很好的环保建材。

当再读到《诗经 · 陈风 · 东门之枌》里有“贻我握椒”等句后，我明白花椒还曾是青年男女的定情物。但古不全为今用，现在花椒主要用来调配食物，如传统调料十三香里的“头牌”，就是花椒。花椒偶尔也能用来提升士气，我一朋友阿生，创业中的IT男，经常没日没夜地干工作，他说有时累了，会咀嚼几粒花椒，通过这麻痹的感觉驱赶困意，如此上进的男人，不是东汉悬梁的孙敬转世，就是战国时刺股的苏秦投胎。

花椒的主味，是麻，它能让人意识清醒，它给人体排除湿气，巴蜀地区寒湿，所以花椒和辣椒是当地人饮食中的主旋律，我对川菜中的椒麻鸡印象深刻，一粒粒花椒，浸润在红油里，像是伏天里傍晚的太阳，依然无比热烈。鸡肉被筷头拎起，抖去红油，还保持着黄白本色，实则麻味已入肌理，麻的嘴唇无感，味觉迟钝，总体却有一种霸道的魔力，开吃后，筷子就停不下来了，人在纠结中反复地品食。每每想起吃椒麻鸡的场景，我依然满嘴生津。

花椒遍布很多地区，但橘淮北枳的现象在花椒身上同样存在，水土直接决定了花椒的优劣。一等的花椒，又麻又香；二等的花椒，麻而不香；三等的花椒，不麻只香；再次一等的花椒，麻香全无，空有

小厨常備三

吕

小厨常备

其形，是菜肴里可有可无的添头，食之无味，弃之不可惜。

四川盛产花椒，所产大红袍花椒很有名气。大红袍是个好名字，清代有书名为“大红袍”的章回小说，福建有称作大红袍的武夷山茶，这个沾了文雅气的花椒，颗粒大，色红润，麻香味浓，是制作火锅底料的上选食材。

花椒在七八九十月成熟，七八月的花椒品质最佳。一外乡友人告诉我，他们那里花椒树很常见，因其有刺，当地人常种植在屋前作为篱笆，想吃花椒，随时采摘，花椒果无论青红，都可用来炖肉烧鱼，若花椒尚未结果，可采下花椒叶炒蛋、摊饼，甚至还可直接凉拌，其麻香爽口，相当开胃。

说到花椒，我还想到了最近看的《鱼翅与花椒》，著者扶霞是一位对中国饮食充满无限热情的英国女性，她在书中对花椒的味道有着入木三分的描写，“花椒不像辣椒，味道不辣，但是让你嘴唇一阵阵发冷，还有刺痛感。中国人称这种感觉是‘麻’。手脚也能‘发麻’，做手术也要‘麻醉’”。一个西方人能够对中国饮食有透彻的研究，这种治学精神很让人钦佩。

胡椒

胡椒姓胡。姓胡的蔬果还有胡萝卜、胡瓜、胡桃、胡豆……

胡椒之类的“胡”，是指以往中土以外的国家。胡椒原产印度，据说是汉代张骞带回中土的，两千多年来，它以辛辣之味风行南北。我平时不能承受过辣的辣椒，但十分依恋胡椒的辛辣气，它往往在最后时刻登场，韭菜炒螺蛳肉、河蚌烧咸肉、蚬子豆腐汤、鲫鱼汤等菜看起锅前，我母亲总会撒一些胡椒面，胡椒在扩散到菜味的同时，其浓香上窜，直入鼻息。后来，我看经济类书籍，了解到撒胡椒面竟是一个专业术语，它代表把资金平均地分散开来。

很多家庭厨房调味罐里的，是白胡椒面，黑胡椒面可算是“黑无常”——因为平常少有它的存在，只在餐厅吃煎牛排、烤火鸡、比萨等食物时出现。我家的白胡椒面都是去药店购买的，价格比超市的贵，但辛辣味更足。当然菜场上也有胡椒卖，老头老太旁边的塑料袋里有放胡椒豆的，有放胡椒面的，重点是显眼处的一只小型研磨机，这样一来就显得很货真价实的样子，孰优孰劣，因没买过，不好评价。

胡椒的辛辣当然不是为了刺激味蕾，它有消腥膻、减油腻、去湿寒、健脾胃、补虚损、通血脉等功效，这也是凉性的水鲜菜里添加它的原因，我们这里有道平民小吃鱼汤面，主料是鳝鱼骨头。面叉到汤里后，最后会撒上青蒜和胡椒粉，以前有穷人感冒伤风了，配不起中药，就取廉价的鳝鱼骨吊汤下面，撒多一点的胡椒面，食用后美美地睡上一觉，第二天症状必然会减轻不少。

台湾名厨刘一帆曾言，“菜品的调味很重要，盐是灵魂，胡椒是生命”。胡椒不仅赋予菜品的生命，它还能拯救生命，有胆小的女生夜行时，会在坤包里备上胡椒喷雾剂，这种含有胡椒成分的利器又称防狼喷雾，遇到匪徒时，对其喷上三五下，能使之双目流泪，喷嚏连天，使之暂时失去施暴能力，这是很高明的人性化防身利器。

唐代的胡椒是高级香料，属于只有王公贵族才享用得起的奢侈品。唐代宰相元载是个巨贪，被抄家后，仅胡椒就查抄出800石，这相当于64吨的胡椒，元载“惟愚生贪，贪转生愚”（清初学者丁耀亢评价语），因囤积这一生都用不完的胡椒，最终得到满门抄斩的下场，真是得不偿失。

藤椒

绿色巨人，这是朋友上月请饭时所点的菜名。端上后，一锅汤中，搁着三五只白嫩的牛蛙和一簇簇小果枝，“巨人”当是牛蛙了。小果枝是藤椒，这是服务员给出的答案。

藤椒我以前没见过，也没吃过。藤椒枝干似虬龙，枝头两侧的分枝是绿色的小圆果，密密麻麻的，比绿豆小，但要更青绿润泽，光彩夺目。若是翡翠，定是苹果绿级别的，选108颗，当菩提子穿成一串，戴脖颈上，缠绕在手腕上都可以，尤适宜女性佩戴。苹果绿翡翠有人工染色的，藤椒却是自身的颜色，它绿得纯粹，绿得自然。纯天然的翡翠被称作A货，那藤椒就是香料中的A货。

在充满各种诱惑的世间，A货不“A”。化学的添加改变了蔬果的本质，催长的饲料改变了禽畜的肉质，科技的修整改变了男女的本貌。因此无论是人，还是物，未加修饰，都是难能可贵。

绿，是繁茂的色彩，是春天的神色。锅中有了藤椒，就是青山绿水，褪去“衣裳”的牛蛙像跋山涉水后走累了的远古巨人，随便找一地方安躺了下来，任由饭店里的灯光抚照其身。夹食了几筷子牛蛙后，我把藤椒的绿色果实放嘴里品咂，一丝辛香在舌尖盘旋，浅淡的酥麻像旋涡一样搅动味蕾，冲上脑门的辛麻香味相当提神，它没有使人乱了分寸。吐去嚼至成渣的藤椒果，周身轻松，口舌生津。

藤椒和花椒、辣椒等一样，个性有所类似，但藤椒的麻却是清新脱俗的，像一把雪亮的利剑，削去了菜品的浑浊油腻。它如春风一般，在味道中吹拂出一片新绿，风味有道，须出新，新道新味道，尝遍天下美食是我的梦想，应该也是很多人的梦想，这个梦虽不能圆，但常吃常新却是莫大的知足。

近几天，我网购了几瓶四川洪雅产的藤椒油，做凉拌菜时滴上一点，家人都喜欢。

藤椒，学名竹叶花椒，与“竹”沾边，让它文雅不俗。有藤椒调味，饮食精彩不俗。

辣椒

酸甜苦辣咸五味之中，唯有辣是一种痛觉，也就是让肉体产生灼烧的感觉，但其痛，并非生命不能承受之痛，而是让人欢乐的酥麻之痛。说到辣椒，就要想到四川，川人嗜辣全国闻名，四川辣妹子行走世界。据学界考证，川人本食茱萸，约在清乾隆时以辣椒取代茱萸，川人取食这两味香辛调料用以应对湿冷的天气。

辣椒原产中南美洲，16世纪末传入中国，一度被江浙地区作为观赏花卉，到了清初，才被先民食用，辣椒如今已在中国形成庞大家族，有依据外形定名的灯笼椒；有根据生长姿态命名的朝天椒；有凭据产地取名的杭椒……我不能承受重辣，因而微辣的杭椒成为我烹饪中的常备物，用之炒鸡蛋、炒肉片、炒牛柳都是很好的下饭菜。

还有不辣的辣椒叫作甜椒，它是辣椒家族的“另类”，周身没有一丁点的辣味，听说甜椒有黄色、紫色、红色、橙色、绿色等多种色彩，不过我只见过红黄绿三种甜椒。甜椒富含维生素C和花青素，是

甘甜辛辣任人尝

西方做蔬菜沙拉的主食材，现在中餐的凉菜上也有甜椒沙拉，用紫甘蓝、生菜、圣女果等搭配，食用前浇上沙拉酱，冷热天吃都爽口。

能吃辣者餐餐离不开辣椒，我认识一个北方姑娘，爱食辣犹如熊猫爱竹，早上吃稀粥以野山椒佐配，中晚吃饭要挑几勺辣椒酱拌饭吃，一瓶辣椒酱三天就见了底。在她胃痉挛发作时，还不顾医嘱，拼命食辣，奇怪的是，她后来胃痉挛一直没发过，大概是肠胃已如她口舌一样适应了辣椒。

今年初夏去湖南，一路经长沙、怀化、凤凰，每顿饭都吃到辣椒炒肉，此菜以青辣椒为主材，不去籽，不撕筋，切丝后和肉片同炒，那段时间牙齿出了状况，一咬到辣椒籽上颚左侧的牙齿就疼，所以我是挑去辣椒籽再吃，吃到嘴里还是觉得辣，但还是忍不住反复再吃，在美食面前的欲罢不能也算是嘴贱吧。

辣椒的“辣”味符合太过明显，因此辣椒还被湖南人称作“辣子”，我们维扬地区也有一种著名的“辣子”——这就是扬州评话经典《皮五辣子》，内中的主人公皮凤山皮五是个招惹不得的泼皮，见人常讹二百文，他和金庸塑造的韦小宝，同是扬州著名的小人物，均有“辣子”精神。

人如辣椒，绝非辣椒的过错。辣椒如良人，对生活多有好处，它能添食物味道，能刺激味蕾，能促进食欲，能振奋意志——这是鲁迅的实践，《狂人日记》发表后，鲁迅请胡适吃饭，闲聊中告诉胡适，深夜读书困乏时，他会摘一只辣椒，分几节放嘴里咀嚼，嚼得额头冒汗，周身发软，睡意顿消，他还戏言让胡适一试。鲁迅是浙人，可见吃辣椒不只是西南地区人士的“专利”。

古师清生说，“辣椒是固体的火”，我想就此再后面续上一句，那就是“辣椒是固体的火，它燃烧了岁月的激情”。

蒜泥

植物开花成长，离不开土壤的培育和呵护。一颗珠圆玉润的蒜头，从土地起身，它的身上依附着斑斑土迹，那是大地母亲留给它的胎记。

蒜头现身伙房，厨子们不禁眉飞色舞，掰开蒜瓣，剥去它紫白的轻薄外衣，放至砧板用刀背拍碎，“当当”地把月牙般的蒜肉分解成石榴粒大小，虽离糊泥般的质态尚有差别，但称蒜泥却也不为过，有它相伴，烟火气中便生成出些许精妙滋味。

蒜头有特殊香气，烧煮鱼肉，搁上几粒，能瓦解荤腥，如用糖醋腌制食用也很可口。但蒜头天性辛辣，它的特殊香气不是所有人都能接受，如化身蒜泥中和其味，则必能赢得满堂喝彩。炒生菜、西蓝花、猫耳菜，需有蒜泥点缀。用蒜泥和黑胡椒、蚝油、料酒、生抽腌制排骨，包锡纸上烤箱烤制，排骨和蒜泥在高温的撮合下，相聚言欢，烘焙后置于青花瓷盘，黄灿灿的排骨冒着小气泡，蒜香伴着肉香在空气中氤氲游荡，食欲齐刷刷地爬上食客心头。拌黄瓜、蒸茄子、戳豆腐、刨凉粉，烹制这些凉拌菜，有蒜泥配合酱汁，鲜香陡增。作家梁实秋先生食用大白菜包裹饭菜前，总是先将蒜泥拌酱均匀抹在菜叶里面，有这等作料调配，梁先生不仅吃得满脸满手都是菜汁饭粒，痛快淋漓，甚至数度以此待客，皆赞不绝口。

对于北方人来说，吃火锅仰仗蒜泥佐餐，食用饺面更少不了蒜泥，在小碟香醋中撒入蒜泥，夹一只白亮的饺子蘸食，饺子皮更显筋道，荤素馅心油腻顿消。五黄六月，在凉拌面调料中配点蒜泥，加些辣椒，架起面条咀嚼，凉意中透着微辣，腹中肠胃瞬间也变得热辣起来，接着浑身冒汗——似乎身体里的毒素都已排解出来。天气转凉，煮一碗热气腾腾的肉汤面，在面条的顶盖上撒遍蒜泥，寒凉迅即被汤面的热意和辛辣的蒜泥冲散到九霄云外。

蒜头不剁成泥，最好的归途当是到泥土繁衍生息。乡谚说“葱七蒜八”，可见八月是植蒜的佳期，翻整好土地，蒜尖朝上插入土中，按期浇水施肥，不出两个月，它就能抽发出青绿的修长蒜叶，到了春季，青蒜蓬勃舒展的叶子成长为柔软的蒜薹，顶部冒出个小花苞，形似一支长柄的小号羊毫毛笔，若有清风吹来，就会在天地间自由挥写。蒜头安躺在大地的襁褓里，沐浴着阳光雨露，随四季转换身份，变着戏法满足着人们挑剔的味蕾。

蒜，入泥栖息，入菜为泥，殊途同归，终究与世间物象息息相关。蒜泥之名，质朴如斯，将大地的感恩和怀念永记于心。

米油

食用油常以滑腻厚重的面目示人。但也有个例，如调养身心的米油。

米粒分解米油，与大豆、芝麻、菜籽、花生等出油作物经历的压榨程序不同，它不以粉身碎骨的代价提炼油脂，而是用赴汤蹈火的方式实现价值的转换。

一颗饱满白亮的米粒，从稻壳的襁褓里脱颖而出，和万千颗同伴在锅中团聚，锅内为水，锅下是火，水米交融，星火撩动，米粒的躯体逐渐软化，细熬过后，谷香依托热气飘散游走，粥的表层凝结成一片莹润、浓稠的米油，松蓬的米粒蛰伏在锅底欢快地吐着水泡。

米油细腻黏稠，是人人都消费得起的滋补品，《本草纲目拾遗》云：“米油，力能实毛窍，最肥人……”有医家还拿它和人参汤媲美，人参虽贵为“百草之王”，但却易引发上火，而米油没有任何副作用，它有一份点到为止的神韵。

米油是粥的灵魂，它为粥增添了不少营养指数。作家王蒙对粥感情尤深，他认为粥有去瘟毒、补元气、舒肝养脾、安神止惊、防风败火、寡欲消心的功效，能经得住考验而永存。假使为粥进行定位的话，我想它亦符合于“淡饭”一词，淡味胜有味，只有历经弥久岁月，方能体悟个中三味。

邻居陈爹，年过古稀，是小城的名厨，大半身的掌勺生涯让他口福不浅。去年，陈爹患重病在床，平日那些美味佳肴在羸弱的肠胃面前划下了休止符，只有蕴藏米油的粥羹，给风烛般的生命延续希望的星光。

粥里的米油含量该如何知晓？前人有方法检测。幼年，陪祖母在寺庙吃腊八粥，祖母告诉我，旧时官府办粥厂，粥煮好后，地方官要例行检查，拿一根竹筷插在放粥的大圆木桶里，竹筷不倒，方准向穷人施发。遥想当年那一桶桶米油丰富的厚实米粥，帮助了多少困苦家庭渡过难关？慰藉了多少贫民的辘辘饥肠？……淳厚廉洁的父母官，身体力行地践行着林文忠公的那句名联“应视国事为家事，能尽人心即佛心”。

而今的生活，米油几不可得，快节奏的微波炉、电饭煲推进了米粥成形的速度，也挤兑了米油浮现的空间。多想某天闲暇时，能置一红泥小炉，上搁紫砂粥钵，手执芭蕉扇慢慢扇动炉膛内的文火，让钵内米粥顺其自然吐露出凝重的米油，悠悠细品上一碗，荡涤心灵的浮尘。

葱花

凡间红尘，总有花儿绽放。就像青白可人的葱花，浓香四溢，在味蕾深处燃烧起食欲之火。

葱在自然界，也开花，花呈白色绣球状，盛开在葱叶叶尖，由细小花蕊组成，毛茸茸的煞是可爱，采撷这样的葱花让人于心不忍，但用相机为它留下倩影却未尝不可。

广义上的葱花，实则是指葱经历阵痛后的一种状态，名字文雅，过程很壮烈——其叶部和根段被分别肢解为青绿空心管和白色实心管，它用舍生取义的气概成全了士民的健壮体魄。

葱原产自中亚地区，先人经若干次品尝后，总结了“生葱熟蒜”的定律，意思是葱生吃为宜，故深信此理的山东人常采摘肥壮修长的大葱，趁它保持着清新的原神态，洗净后蘸酱卷至面饼裹食，大葱香甜而微辣，性格很像偶尔也要孩子脾气的温婉闺秀。在大葱长期的培养下，山东人细胞里孕育出豪爽热情的气概。而葱花的原型，多取决于南方的小香葱，它们曼妙躯体里的气息热辣而奔放，辛辣的味道注定它们要分解成葱花熟食，这证明了现实主义功用足以能够颠覆条条框框的束缚。

荤素菜肴、糕饼点心，大抵需要葱花来增味添香。就拿点心类的葱油花卷来说，离开了葱花，它的滋味和营养就会大打折扣。葱花在点心中也有独当一面的时候，以它为馅制作的葱油烧饼、“龙虎斗”烧饼在家乡颇受欢迎。特别是葱花馅中掺入细盐和砂糖而得名的“龙虎斗”烧饼，当它烤得酥黄焦脆后慢慢咀嚼，能感觉出咸甜味得到了很好的融汇，而包裹在油酥面里的葱花在炉火的环抱下，咄咄逼人的

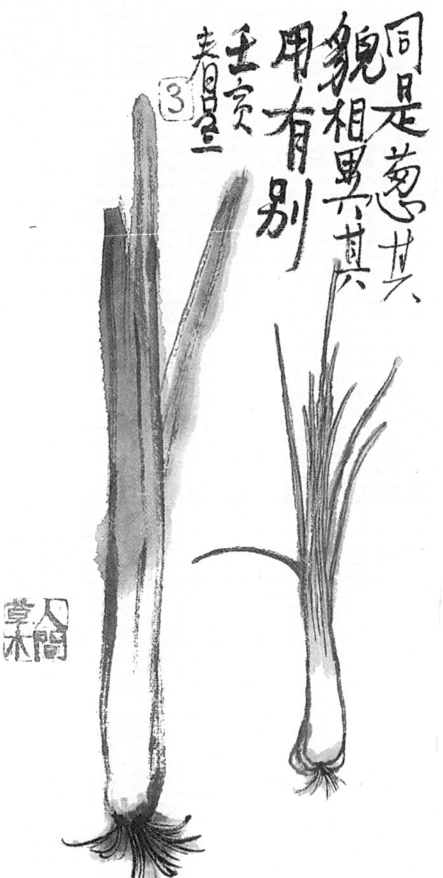

不同葱

辣味已替换为浓郁的馨香，它率领谷香“大军”长驱直入占领舌尖，敏感的神经末梢迅即有了鲜爽的感觉，悠扬的香味如同气囊一样漂浮在脑海上，维系着数个时辰的美味之旅。

葱花是家园的图腾。郊野老宅，一簇簇绿莹莹的小香葱，沾染着晶莹露珠，在篱笆下迎风生长。远方的游子回乡探亲，母亲往往会做一碗葱花蛋羹为儿接风洗尘，掐几段小葱，切成葱花撒到草鸡蛋蛋液中，按比例注入清水，到土灶上蒸一碗蛋羹，浅黄色的蛋羹铺垫着点点绿意，颤巍巍地散发着热气。对游子而言，滑嫩香润的蛋羹不光只有肤浅的鲜美，值得回味的还有那久违了的幸福滋味。

葱花无须“花开花落”的轮回转换，它属于意象之花，既鲜活地存在于青葱岁月的记忆里，也静默地在尘世的某个角落绽放芳华。

小茴香

“茴香”和“回乡”同音，让游子听着亲切。游子，或是身体，或是灵魂，至少有一个是要回归故乡的。

江淮游子的故乡，田边地角、屋前院后，常能见到一丛丛绿葳葳的小茴香。小茴香叶片细碎如丝，春风轻拂着它，它左右晃动着，像祖父颏下稀疏的山羊胡，四川人叫它须须香，确实很形象。

春天里，掐几段小茴香，在雪菜蚕豆炒得噼里啪啦时放入，热锅逼出茴香的香气，其香像表演舞蹈的古西域女子的，性格热烈，舞姿奔放，还不时跳到台下和观众互动。在相隔厨房十米远的地方，即使屏住呼吸，也能闻到小茴香的香味。

茴香配蚕豆，让我想到茴香豆，鲁迅笔下的人物孔乙己在咸亨酒店用它下酒，用它解闷。某年赴绍兴，我去了现实中亦存在的咸亨酒店，点了一盘茴香豆，坐在桌旁细品，阳光中，我仿佛看到了穿长衫的孔乙己坐到了桌旁，他用指蘸了酒，在桌上边写边说，“回字有四样写法，你知道么？我写给你看。”此刻间，我从茴香豆中回味出历史的况味。

可叹的是茴香佐豆，没有荡涤孔乙己身上的酸腐之气。但严格地讲，咸亨酒店的茴香豆，配料是八角茴香，俗称大茴香，和小茴香有所区别，同名易使两者混淆，但它们皆有去腥提香、健胃理气的作用。

阿城小说《棋王》里写饥饿知青用蛇骨煮汤，“蛇骨已经煮散，在锅底刷拉刷拉地响。这里屋外常有一二处小丛的野茴香，我就拔来几棵，揪在汤里，立刻屋里异香扑鼻”。这段描写绘声绘色，拎出来充实一下可作一篇有趣的美食文。

小茴香用来炒鸡蛋，切成小段替代葱花搁到打散的鸡蛋里，加点盐，上油锅炒，烹制简单，却极下饭。也可复杂些，蛋炒好后，放上米饭继续炒，出锅前再撒上茴香末、胡萝卜丁。米饭乳白，鸡蛋金黄，茴香碧绿，胡萝卜橘红，无须踏春也有无边春色铺设心间。茴香蛋炒饭里，装满了春天的故事。

小茴香掐去一段后能很快恢复常态，这和割了又长的韭菜极相似，它们同样绵长、醇厚，有不懈的生命力，在一轮又一轮的沧桑中迎来新生。

麻油

拌了一盘黄瓜，想淋上麻油，可油瓶已空。在厨房寻了半天，依然未找到麻油，只好将就着吃。用完饭后，还是觉得缺了些什么，只好坐到书桌前写一篇麻油，聊补遗憾。

芝麻油在我们这喊麻油，在北方有地区被称香油。麻油之名重形质，香油之名重气质。还有地方干脆叫作芝麻香油，这是一个内外兼修的好名字，彰显着本味，提升了滋味，生成出欲说还休的回味，融汇生活，存于自然。

没有汉代的张骞，就没有中土的芝麻，也就没有调味的麻油。在享受麻油芬芳的时候，我仿佛看到了滚滚荒漠下，一位着汉装的老者在牵着马从西域走来，他身后的马背上，驮着好几个布袋。不知走了多久，当他看到不远处的城墙后，他抑制不住内心的激动，打开其中一个布袋，夕阳下，泪光中，他用手捧起里面的一粒粒闪着熠熠光泽的芝麻……也就从那之后，麻油像长江、黄河一样，润泽了华夏，渗透到物质文明的肌理当中。

以麻油为媒，我见识了不少美食，认识了很多地方。我在扬州吃过麻油干拌面、在成都品过麻油鸡、在安庆尝过麻油豆腐乳、在南京买过麻油绿豆糕……麻油是全国名产，也是地方特产。一方水土一方油，不同地方的麻油有不同的味道。

我最心仪的是故乡的小磨麻油，其因以小石磨研磨得名。这并非是偏袒故乡，而是吾乡麻油确实好，之前有湖南朋友前来做客，我送他两瓶麻油，他回去不久，又联系厂家买了二十瓶。做麻油的俞师傅和我说，小磨麻油不但要有好工艺，原料也重要，以长江沿岸五十公

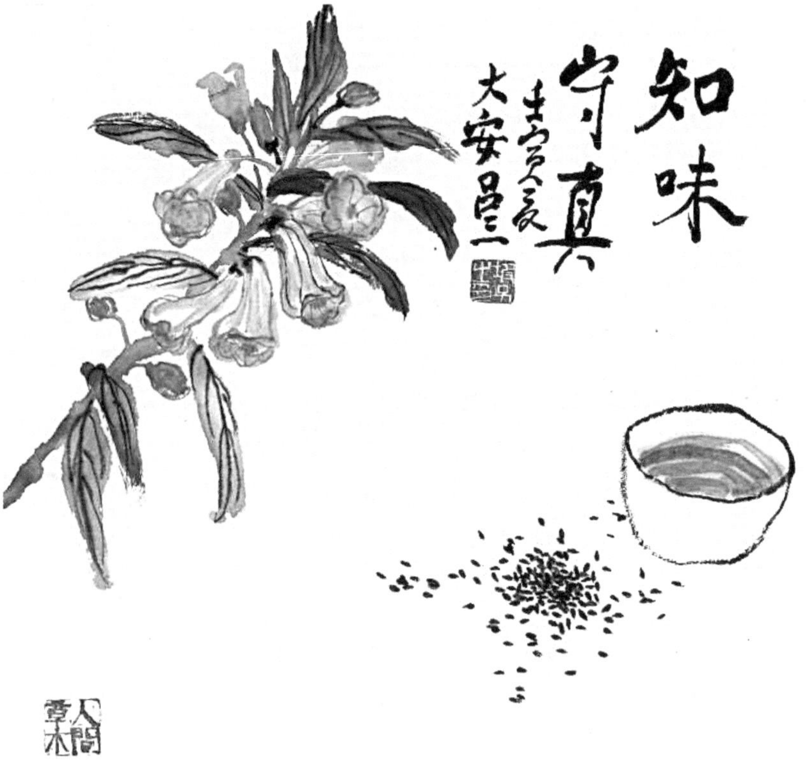

知味守真

里内所种芝麻为佳，出了这范围，品质大为降低。南橘和北枳之间，差的就是天时地利。

麻油优劣，口鼻可验证。“油香不怕瓶颈深”，好的麻油，开瓶后，香味循循而来。抹几滴到入口，抿着嘴，鼻息里喷出的都是芝麻香，好一阵子，似乎鼻头上挂了一只叮叮当当的小油瓶。

当下麻油也有“半进口”的——国外原料，国产工艺。有商家为节省成本，引进北非地区一年收获两季的芝麻制作麻油，但这样的麻油香味不浓，入嘴有一丝苦涩，相较本土芝麻所制麻油，多有不及。

麻油起到的只是烹饪中的点睛之效，不可多食。我熟悉的一位朋友结婚时，酒力不济，最后以麻油为酒回敬宾客，结果事后得了肠胃病被送到医院诊治，这样的花烛之夜注定让他难忘，注定成为朋友们茶余饭后的谈资。

醋谈

醋古称“醯”，早在西周即有主管酿酢之事的“醯人”，山西至今还把酿醋者叫“醯人”，吃醋称为“吃醯”。

国人食醋的时间很早，我食醋的时间也不短。幼年时我爱吃变蛋，吃变蛋必要佐醋，由此记住了这股酸爽，三十余年过去了，至今还未吃腻。

神州处处有醋，千家万户之外，餐馆、排挡、饭店的餐桌上，多数是会放一小罐醋的。我吃过镇江香醋、太原陈醋、阆中麸醋、绍兴米醋、新蔡特醋、永春老醋、鹿儿岛黑醋，各醋不同，醋醋有味。

醋与酒均取“酉”旁，都需酿造，同样有度数。高度酒酒精高，高度醋醋精高。传说醋最初是用酿酒后的酒糟浸泡产生，故有别名曰“苦酒”。唐太宗赏房玄龄小妾，房妻不允，太宗赐她一杯酒，让她在喝毒酒和夫君纳妾上作选择，房妻喝下毒酒，却发现原来是醋。“吃醋”典故中的“醋”，当真是辛涩的“苦酒”。

酒可当醋，醋也可当酒，还是唐代的事，节度使李景略设宴招待僚属，小兵误把醋当酒，端了一大碗给判官任迪简喝，任迪简为不让小兵受罚，一饮而尽。宴席后，承受不住的任迪简连吐鲜血。小兵见状，向李景略自首乞命，生气的李景略要将小兵斩首，经任迪简求情，小兵保住性命。这碗醋映射出任迪简的宽厚，在将士的拥戴下，后来他当上了节度使，后人将之誉为“呷醋节帅”。

醋的故事实在很多，汪洋恣肆地流入历史的长河。在长河之中，有时光脉搏的律动，有岁月流金的光亮，醋是当中的一粒芥子，但它并不渺小，带着很强的色彩感出现在你我他的视野当中。

凉菜和热菜多半离不开醋的佐配，有的菜肴要以醋为主打，如糖醋排骨、西湖醋鱼、醋熘白菜、醋焖肉、醋香鸡、醋椒海蜇、老醋花生，我一看到含有“醋”字的菜名，口中就会酸意涌动，这可以说是醋的魔力大，也可以说我在美食面前没有丝毫的免疫力。

热腾腾的饺子端上来，往小碟子里倒上醋，蘸着吃，酸劲调动起馅心的鲜香，饺子的口感瞬间提高到一个档次。上次陪一北方朋友吃饺子，他吃饺子不光蘸醋，而且每咬开一个饺子，都要里面浇醋，这种吃法让我瞠目结舌。吃完后，他竟跟我说，这醋味太淡了，一点也不过瘾，下次要自带一瓶老陈醋来吃。

北方人比南方人能吃醋，作家王祥夫说山西人把宁化府的醋打回来，要出去冻一夜，等醋上结冰后揭掉再去冻，冻来冻去，醋中水分少了，醋就浓了。这样的醋，酸度肯定让我受不了，估计尝一下牙齿都会软化得像棉花糖。

台前的醋以黑褐色为主，幕后的醋以透明白醋为辅，腌泡菜、制腊肉，烹饪一些菜肴，需要它“出手”，它在调味的同时，能保持食物的本色。

因为有醋，更多的螃蟹才会在秋季横行餐桌。

碰到感冒，母亲会下醋汤面给我吃。吃后美美地睡一觉，第二天日子就亮了。

姜米

姜剁成丁末状、切成细短丝，均可称“姜米”。“米”是粮食之本，安缀在“姜”的身畔，不光名字有了诗意化的表达，它的价值亦得到充分认可。

姜的辅料功用显而易见。烧肉煮鱼，有姜能去腥解膻，增味添香。有时烹制一些素菜，姜也是必不可少的妙物，打春后，青菜长成青菜薹，此刻炒青菜薹要放姜末，星星点点的姜末，逼散出青菜基因里的粉甜鲜气，让食在嘴中的青菜多了份春天的华彩。此外，另据民间说法，吃青菜薹若不佐姜末会闹肚子，是否属实？未作考证。倒是家乡的小吃“烫干丝”里一定是要加姜丝的，豆腐干切丝，沸水烫软化后过滤，加酱汁，撒上榨菜末、香菜段、胡萝卜丝、花生米、姜丝等一起拌食，入嘴鲜嫩柔滑，清香爽口。我认识的一位师友，嗜食干丝，且吃时都撒上大量姜丝，所问何故，他说，干丝配姜丝好比花生米配豆干，两者同嚼，皆有火腿味。

一般情况下，姜所起的作用是将自身味道过渡到其他菜品，经

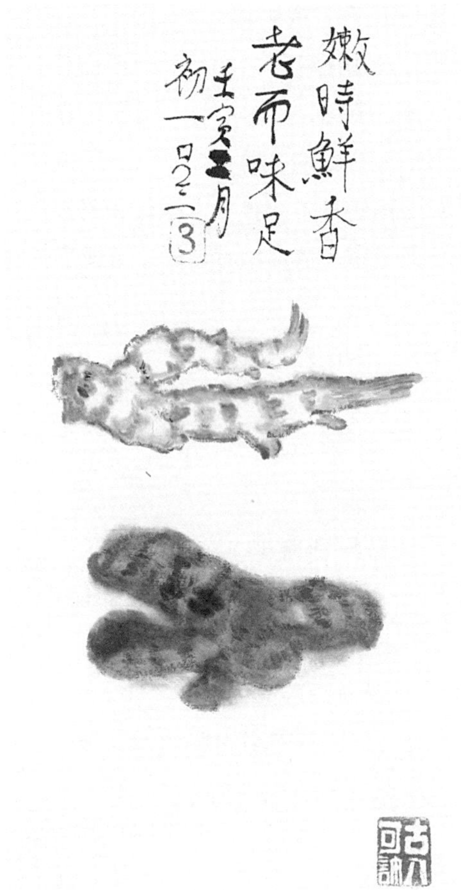

嫩时鲜香老而味足

常“成人之美”的它也有“挑大梁”的时候，取姜酱腌，这是家常菜中的一种习见做法。我喜欢用酱姜配稀粥或泡饭食用，鹅黄色的酱姜，咸甜适度，微带辛辣，它的外观和香气，总让人想起烟雾滚滚的无边大漠，产生这样的臆想，源于姜在沙土里长久栖息的缘故。出身底层的酱姜或许摆不上台面，但曾经却有贫寒名士拿来待客，郑板桥在《板桥家书》中提到天寒冰冻的时节，用炒米和酱姜招待穷亲戚朋友，两袖清风的板桥在文尾处还自我调侃称此为“最是暖老温贫之具”。今日看来，这样的招待已颇显寒酸，但亲友们相互送上一两罐自家腌制的酱姜仍不失为交流情谊的乐事。

姜的驱寒效果源自它的辣意，俗语有“生姜还是老的辣”，意指姜生长时间越长久，辣味愈升。这句话和陈酒越放越香有异曲同工之妙，现实生活中，多以这条俗语形容擅处各类问题的老者。如果非要把姜比作老者的话，我想，它定是一位经验丰富的老中医，冷天手足生冻疮，天天坚持用姜挫擦，效果独特；胃肠胀气、消化不好的人，饭后嚼几块可开胃助食；感染了风寒感冒，喝一碗热姜汤饮用，可祛除寒邪……运用得当，姜便是小病小痛的克星。

姜是生活中的“多面手”，它在如烟的岁月里，用分解出的一粒粒营养米粒，默默地服务于人类，一如既往，始终如一。

香菜香

切成小段的香菜，放盘子里，撒一把油炸花生米，搁一些豆干丝，放酱汁、麻油，来回拌几下，就成了“三合一”，这是近年来饭店流行的下酒小菜。

香菜之香，醇厚而霸道，在“三合一”中占据核心。它在饮食男女心中，矛盾体般的存在，喜欢者深爱之，讨厌者难以接受，甚至还成立了“世界反香菜联盟”，其使我想到已故画家朱新建的美人图，喜者说其笔墨朴拙浑厚，厌者说其低俗趣味，两极分化明显，但不可忽视朱新建的个性风格与存世价值。

闻香识女人，香菜的香让我想到日本著名女明星花泽香菜，这位长相甜美的姑娘，近年来也经常在中国做活动，比如她有一次在某网站以“我吃我自己”为主题进行直播，视频中，她做了一道香菜沙拉，随后将之食用，并不停地说好吃。上演了香菜切香菜、香菜吃香菜、香菜夸香菜的有趣过程。

明星遥不可及，但香菜触手可得，即便有人不喜，但菜市场断然不会没有香菜的身影，饮食中，的确有很多需要它的地方，陕人拌凉皮、川人吃火锅、江南人下阳春面，少不得它的辅佐，而用香菜和肉末作馅所包的饺子，是北方人喜欢的美食，纵然南北有别，然南北却能在食材应用上寻求到共鸣，饮食看似自成特色，实则存在相互间的联系。

“相彼芫荽，化胡携来”。这是明屠本畯《蒝荽》诗里的句子。句中的“芫荽”，是香菜的另一别名，在本地方言中，香菜被唤作“延须”，幼时，还有一大人和我戏言，多吃香菜能够长胡子，长了胡子就成大人了，我信以为真，央求家人隔三岔五买“延须”做菜给我吃，吃了多时后，我才明白这纯属无稽之谈。

香菜传入中土较早，普遍的说法是公元前119年，由张骞从西域引进，能在神州生根，说明它的适应能力强，虽然看上去它青绿娇弱，茎细如麻绳，叶小如硬币，掐下一点，香气直冲鼻息，这点小伤对它而言，似乎无关痛痒，过几天再看，眼前仍是青绿，凑上前去一闻，香气不消半分。

种香菜能种出故事，北宋僧人文莹《湘山野录》记载一事，处士李退夫在自家菜园子种香菜时，按当地风俗，播种时需口念“荤段子”，这样香菜才会长得好。李退夫是个读书人，秽语难以出口，于是，一边播种，一边默念“夫妇之道，人伦之性”等话语，这时，突有客来访，李退夫让儿子继续完成手头的工作，其子更老实，在撒着剩余种子的同时说，“家父已把该说的说过了”。后据此以“撒园荽”代指文人间讲“荤段子”。

晚年的周作人作有《八十自笑诗》，诗中有“谐谈犹喜撒胡荽”之句，在“撒胡荽”后，周作人自注：“近译路吉阿诺斯对话，多讽刺诙谐之作，出语不端谨，古称撒园荽。”他在翻译古希腊《卢奇安对话集》时，想到了这个典故。我想写完诗的老才子，那一刻必是心旌摇曳，满面春风。这样知情知性、风流入骨的人物，到底也是旷世奇才。

孜然

夜宵，以烧烤为主打。烧烤，是将各种食材串起，搁方型炭炉上烤，过程中或刷酱汁，或撒调料。在烧烤满大街流行的时候，我认识了烧烤调料孜然。

烧烤的头牌，当属羊肉串。烤炉上的羊肉滋滋作响时，肉色从鲜红转为了黄白，此时撒上一把孜然，火苗忽地向上蹿起，混入热气的白烟雾喷发着具有诱惑性的异香，向四面涌动，这烟雾，似乎是汗血宝马掀起的滚滚尘土，具有明显的西域属性。

放在不锈钢方盘里的羊肉串，油亮焦黄，表面依附着土黄色的颗粒物，这就是孜然。嚼着软嫩的羊肉串，一粒粒孜然在嘴里爆发辛香，它的香像九层宝塔一样，阵阵环绕到味蕾的巅峰。孜然的香头太猛，羊肉只得在一轮轮的突围中释放香气，口舌在缓慢运动中享受香味“火并”的快乐。

羊肉串入腹后，孜然的香依然稳在口中，稳定地驻扎，即使喝上一瓶冰镇啤酒，孜然香还会在口中停留。这时拿纸巾擦嘴巴，不经意闻到衣袖上也有孜然味。我的很多朋友吃一次烧烤，换一次衣，洗一次澡，全因孜然所赐。

孜然含有一种叫作枯茗醛的物质，这是它的香味之源，也是解腻去腥的“利器”。但孜然的气息过于霸道，这是优点，亦是缺点，烹制牛羊肉可用孜然遮掩腥膻味，要是炒青菜、烩白菜放孜然就会显得格格不入。

记忆中在朋友家里吃过一次很美味的冷切牛肉，朋友说，这是新疆的黄牛肉，生前吃的多是野外的孜然。前不久又在饭店里吃过一次好吃的羊肉汤，老板说，这是宁夏的滩羊，生前吃的主要是冬虫夏草。是小说笔法还是现实情节，搞不清楚，不过这样的故事很给滋味涨分。

孜然，最早产自埃及和埃塞俄比亚，古埃及人把孜然当作防腐剂，用来制作木乃伊，但这是“冷知识”，估计没有人在吃烧烤时，想到古埃及人把孜然往尸体上撒的情景。

孜然又名安息茴香，安息是个有着近500年历史的古国，曾为孜然的主产地。我在收藏家手中见过安息国的银币。藏家云，安息国的钱币以前价格高，阿富汗战争后，从那边的文博机构流出来不少，买一枚便宜的品种现在只要几百元。